生态学视域下的学校教育生态建构

翟柳英 ◎ 主编
王玉霞 叶春红 ◎ 副主编

北京出版集团
北京教育出版社

图书在版编目（CIP）数据

生态学视域下的学校教育生态建构 / 翟柳英主编. —北京：北京教育出版社，2021.11

ISBN 978 - 7 - 5704 - 3864 - 8

Ⅰ.①生… Ⅱ.①翟… Ⅲ.①小学教育—研究 Ⅳ.①G62

中国版本图书馆CIP数据核字（2021）第220925号

生态学视域下的学校教育生态建构
翟柳英 主编

*

北 京 出 版 集 团
北 京 教 育 出 版 社 出版
（北京北三环中路6号）
邮政编码：100120

网址：www.bph.com.cn

京版北教文化传媒股份有限公司总发行
全 国 各 地 书 店 经 销
炫彩（天津）印刷有限责任公司

*

710 mm × 1 000 mm　16开本　15印张　236千字
2021年11月第1版　2021年11月第1次印刷

ISBN 978 - 7 - 5704 - 3864 - 8
定价：46.00元

版权所有　翻印必究

质量监督电话：（010）58572393　58572332　58572750

编委会名单

主　　编：翟柳英

副 主 编：王玉霞　叶春红

编　　委：陈金香　刘会民　黄玉刚　王晓慧

　　　　　张险峰　韩振伟　梁士发

前言
Preface

　　学校生态是一所学校发展的实际状态，它既反映学校系统内部各因子的关系，也体现着学校内部与外部系统的相互作用状态。学校如果没有良好的教育生态，就不能很好地发展，学生也就不能健康成长。良好的学校生态是有魅力的学校文化，是由生态式的环境文化、理念文化、制度文化、课程文化、行为文化组成的有机整体，是学校良性发展的沃壤。它能够为师生提供良好的学习、生活环境，能够陶冶师生的情操，影响师生的气质，健全师生的人格。良好的学校生态是一种教育力量，它能够让学校、家庭、社会形成教育网络，让教育走向自然，促进教育自然发生。它能够让教师不断提升自己的修养和能力，以良好的内生态影响他人、带动家庭、辐射社会，传播"生态"的种子。良好的学校生态是一个幸福的场域，它能够为师生营造良好的学习、生活、工作的环境，能够为师生营造一种和谐发展、共生共荣的氛围，让师生在这里幸福地栖居。良好的学校生态是一座加油站，它能够随时为师生知识的获取、能力的增长、素质的提升赋能，能够为师生搭建各种学习、锻炼、成长、发展的舞台，让师生积蓄成长的力量，绽放生命的精彩。良好的学校生态也是一种价值取向，是一种发展愿景，它能够为师生明确行动目标，能够规范办学行为，具有强大的教育引导功能……因此，北京市通州区小学学校发展第一共同体各个学校对生态学视域下的学校生态建构问题进行了思考和实践，这其中有对管理生态的思考和定位，有对课程生态的实践和探索，有对文化生态的规划和设计，有对课程生态的架构和实施，有对科研生态的营建和凝练，有对班级生态的改革和创新，有对家校生态的归纳和总结，也有对校外培训和校内教学质量提升问题的辨析……我们将各校建构学校生态的思行经验收集在一起，目的是互相交流、彼此借鉴，以便促进各校深入思考学校生态建构问题，有效完善学校生态的建构策略，努力让共同体内每一所学校都能够有良好的教育生态，有效促进学生健康成长、全面发展，努力实现办人民满意学校的目标，为城市副中心教育的发展做出应有的贡献。

此文集只是共同体内教师对学校生态问题的浅显认识，如若文中观点有不妥之处，敬请读者见谅。诚挚期望您与我们一道研究学校生态问题，让教育在"生态位"上更好地发挥生态功能，有效促进师生和学校发展。

翟柳英

2021年7月

目录 Contents

第一部分
北京市通州区潞城镇中心小学篇

我们的学校生态观	王玉霞	003
教育生态观视角的"书法+"课程育人实践	田连新	008
以耕种园为抓手　构建学校德育新生态	王晓云	013
发现真问题　解决真问题		
——构建学校教科研生态的实践	戴华媛	017
生态观视域下的德育研学课程设计	康谊坤	021
小学数学生态课堂教学有效性研究	朱艳明	027

第二部分
北京市通州区南关小学篇

力行育心　探求教育之路	叶春红	033
探究教育生态　化解疫情危机	钟　华	037
好的教育生态是家校和谐共进	马　屾	041
倾心投入　静待花开	张宏伟	044

保持教育生态链的"绿色健康可持续发展" 于菲菲 048

第三部分
北京教育科学研究院通州区第一实验小学篇

基于教育生态学视角的学校管理系统建构
——以"发现·管理"机制与系统为例 陈金香 053
发现学生品格力量 探索班级生态源头活水 周 佳 057
潜心研发动态资源 打造理想班级生态 刘亚玲 061
推进小学互动式教育 打造教育教学新生态 安丽杰 066
构建生态班级 助力"向日葵花"茁壮成长 滕春颖 070

第四部分
北京市通州区潞苑小学篇

教育生态学视域下课堂教学质量提升路径探究 刘会民 康英娜 077
教育生态视阈下的习惯养成校本课程实施路径初探 高春秀 081
教育生态视角下党支部引领学校建设与发展 杨效培 085
教育生态视域下小学校本教研实践初探 范华佳 089
教育生态视野下小学数学教师专业成长初探 贾晓辉 093

第五部分
北京市通州区中山街小学篇

乘势而上，实现教师队伍跨越发展
——北京城市副中心背景下教师队伍建设再思考 王晓慧 101

构建小学信息技术生态教学，提升学生信息素养的策略　　张立新　107

教育生态学视阈下的翻转课堂模式构建　　张　甡　112

精准校本教研　促进教师专业成长　　葛亚丽　117

营造共同成长健康生态　激发家校协同育人活力　　李彩艳　122

第六部分
北京市通州区官园小学篇

开展国学启蒙教育　营造良好教育生态　　李春葵　133

"悦读·树德"德育校本课程目标内容体系的创建　　杨瑞勇　137

巧用动态资源　成就精彩课堂　　崔淑伶　142

连环画　连梦想
　　——教育生态之远行　　顾剑英　147

构建校园和谐教育生态　落实立德树人根本任务　　张广文　151

第七部分
北京市通州区教师研修中心实验学校篇

关于家校协同育人实效性的几点思考和实践　　韩振伟　157

以和谐的管理生态　推进学校教学工作　　闫海燕　刘桂红　161

打造"绿色"科研生态　助力学校长远发展　　裴　玉　165

做好学生课后托管服务　共育教育和谐平衡生态　　闫海燕　陈　宇　169

立足单元教学整体　构建语文生态课堂　　霍丽娜　173

第八部分

北京市通州区通运小学篇

浅谈中国书法的文化与艺术价值　　　　　　　　　张险峰　181

潜心研究展教师魅力　团队协作建生态教研　　　陈丹丹　185

教育生态观下构建低年级一体化体育课程　　　　王颖斌　189

后"疫情"时期教育生态革新的几点思考　　　　　刘　雪　193

教师大"变身"巧破英语阅读"花盆效应"　　　　马梦寻　196

第九部分

北京市通州区西集镇中心小学篇

整合社会力量　优化"合力"教育生态　　　　　　金　卉　203

农村小学教育生态优化路径浅析　　　　　闫雪青　刘长成　207

从整本书出发，构建生态阅读校园　　　　　　　潘世宇　211

德若盛开，蝴蝶自来

　　——基于教育生态学的小学语文德育教育路径

　　　　　　　　　　　　　　　　　　　　胡志芳　于　雷　217

浅谈教育生态学视阈下小学语文高效课堂的构建

　　　　　　　　　　　　　　　　王德明　胡志芳　王宏宇　221

生态视域下的小学语文情境教学　　　　　　　　董　佳　225

后　记　　　　　　　　　　　　　　　　　　　　　　　　229

第一部分
北京市通州区潞城镇中心小学篇

北京市通州区潞城镇中心小学位于北运河、潮白河、减河三水交界处，紧邻城市副中心和森林公园。现有四个校区，43个教学班，学生1050人，教师130人。其中，区级骨干教师9人、区级骨干班主任6人。学校曾以科技、体育、书法为特色课程，在市区的足球、科技、书法竞赛中取得突出成绩，足球队还走出国门参加竞赛。站在两个百年的历史交汇期，北京市通州区潞城镇中心小学以城市副中心对教育的要求为目标，以卢梭和陶行知的教育理论为指导，确立了"取法自然，健康成长"的办学理念，努力创建"自然教育"特色。在这一过程中，学校充分整合各种教育资源，积极引入各种研究项目，努力构建具有自然主义特色的课程、课堂、活动和环境生态，大力加强教师队伍建设，让学校成为基于信息技术的教与学模式变革实验校，让科技走上全国的竞技场。目前，学校毽球、空竹等项目在市区竞赛获得一等奖，多项科研课题在市区立项，教师们也在全国的课堂教学竞赛中获得优异成绩。

我们的学校生态观

王玉霞

"教育生态学基本原理揭示，一个学校、一个区域都是一个教育生态系统，是一个统一的、有机的、复杂的系统。这个系统包含诸多因子……而且每个因子都有自己独特的'生态位'，借以发挥其独特的、应有的功用。正是各因子'生态位'的调整变化，才使得系统动态地呈现为统一与矛盾、平衡与失衡的状态，表现为学校发展和区域教育的多样性、差异性特征。"[①]所以，我们不仅要在自然、整体、和谐的生态观视域下思考教育生态系统的构建，正确处理教育生态系统中各因子的关系，更要让教育生态系统中各因子凸显出独有的"生态位"特色，如此才能让教育适应时代、适应环境、凸显特色、满足需求。基于这样的认识，我们确立了潞城镇中心小学的教育生态观，启动了"自然教育"特色实验，提出了"取法自然，健康成长"的办学理念，并对这一理念引领的教育生态系统进行了如下架构。

一、明确文化方向

生态思想的核心内容是尊重生物的自然性，按照自然规律处理和解决问题。因此，教育生态观强调：在教育过程中要遵循受教育者的发展规律，发挥受教育者的主观能动性。也就是说，教育者要按照儿童发展的规律施教，同时还要积极引导学生自主发展，促进学生内在生长。卢梭的自然主义教育思想也要求教育遵循儿童的自然天性，让儿童在自身的发展中取得自主地位。我们在创建"自然教育"特色的实践过程中，便遵循教育生态观的理念，以卢梭的自然主义教育思想和陶行知的生活教育理论为指导，把"自主"确定为潞城镇中心小学的培养目标之一。希望通过我们的实践，让学生学会自主规划、自主管

---

① 陈如平.构建教育新生态需要各方协同发力[J].中国民族教育，2018（11）：10.

理、自主学习、自主创新、自主发展。另外，我们认为健康是学习、成长、发展的基础。无论我们做什么教育，都要以学生的健康发展为基础，于是我们也将健康纳入培养目标中。同时，我们还希望学生具有坚毅的品质和善思的品性，在生活、学习、实践当中努力探求事物发展的规律，达到"学以开物，行以致真"的价值追求。围绕着培养目标，我们构建起教育理念体系：办学目标是把学校建设为适应副中心要求，凸显地域特色，满足家长需要，成就健康发展的生态之园、快乐之园、和谐之园、创新之园；办学愿景是坚守儿童本位，顺应成长规律，尊重生命样态，实施自然之法，让教育自然发生，让生命健康成长；教师文化是求真尚实、合作共生；学生文化是活泼自信、乐学向上；校训是"像树一样生长"。这一理念体系的构建，为我们推进自然教育，构筑文化生态奠定了基础，明确了方向。

二、构筑自然场域

潞城镇中心小学是一所农村中心校，也是通州区唯一一所平房校。学校位于新城乡交界处，与城市副中心的现代风格形成鲜明对比。校园内树木成荫，花果芬芳，一派田园气息。每所完小都有种植园地，绝大多数孩子都生活在农村，有很多农村生活经验……所有这些都为我们推进"自然教育"奠定了基础。我们要做的就是发挥这一优势，让校园凸显自然之美、生态之蕴。在实践中，我们将遵循以下三个原则，构筑环境生态：

一是双向性原则。自然生态系统中，信息传递往往是双向性的。所以，在生态学视域下的教育环境营建也必须要遵循双向性原则，既要体现人对环境的能动作用，更要体现环境对人的潜在影响。在推进自然教育的过程中，我们首先要做的就是建设自然之境。一方面要让人置身在"自然"之中，感受"自然"之美，另一方面要给人作用于"自然"的机会和条件，实现人与"自然"的交互。比如：规范各校种植园，开展种植实践；组织劳动实践项目，建设自然实践场，为学生提供作用于"自然"的机会和条件。

二是和谐性原则。只有达到和谐的状态，才能保持生态系统的平衡。所以，在生态学视域下的教育环境建设也要遵循和谐性原则。要让校园环境与当地的自然环境、社会环境相匹配、相融合，要让校园环境与办学理念、办学目标相契合、相呼应，要让校园环境与人的行为、人的发展相协调、相促进。所以，在建设校园环境的过程中，必须从爱护、尊重和亲和的立场上去构建人与自然的和谐关系。比如将校园的每个过道设计成学生小憩的生态园，有花有草、有鱼有虫、有水有石、有桌有椅……让学生置身其中可观、可感、可触、可行。

三是可持续性原则。生态系统一个最重要的观点就是可持续发展。生态学视域下的校园环境也必须遵循可持续发展的理念。要本着绿色、环保、节能的原则开发、建设校园环境，这样的校园才是自然之园，才能呈现生态之美，也才能孕育出更好的教育生态。

三、塑造共生团队

生态取向的教师专业发展观强调将教师的发展置于生态系统的体系中，从生态视角看待教师的专业发展。这种生态取向的教师专业发展观具有自主性、开放性、共生性的特征，其中共生性是其最典型的特征。这一特征与自然教育所倡导的人与环境、人与社会、人与万物、人与人和谐共生的理念相通。由此，我们确立了"求真尚实，合作共生"的教师文化主题，并从教师专业成长"需求链"出发，采取以下措施，全力塑造团队生态。

（一）以"共同体"为平台，促进教师一起研修

创建合作、互动的学习共同体，是促进教师专业发展的基本保障，也是实现教师共生发展的有效途径。所以，我校于2021年3月在中心校下辖的四个校区建立了语文、数学、英语、体育、道德与法治五个学科教师研修共同体，聘请市区研修员作为研修共同体的理论和实践导师。每个月研修共同体的教师们在完小校长、主管校长、主任、理论和实践导师的带领下，备课、上课、磨课、学习，从而实现了各个学科教师团队的同学共研。

（二）以"项目组"为载体，促进教师共同研究

积极引入"全国自主教育""友善用脑""基于信息技术的教与学模式变革""英语绘本教学实践"等教育教学改革项目，派出骨干教师学习理念，回校后成立项目组，带领团队教师共同开展项目研究，以实现共同成长、共同

进步。

（三）以"总结会"为契机，促进教师互相学习

建立四个校区共同总结交流机制，让校区校长、主任、骨干教师、教研组长面向四个校区的所有教师进行交流，既提升了每个个体的总结、提炼、表达、交流能力，同时也达到了校区之间互相交流、共同学习、整体提升的目的。

四、关注持续发展

可持续发展是教育生态的必然要求，也是让学生面向未来的内在需要。而自然教育的目的是"解决儿童培养过程中的所有个性化问题，培养面向一生的优质生存能力，培养生活的强者"。所以，在推进自然教育的过程中，我们将努力构建可持续性的课程和课堂生态，着力培养学生的可持续发展素养。

（一）构建可持续性的课程生态

要想让学生可持续发展，必须让学生有健康的身心，有解决问题的能力，有独特的个性特长，有良好的学习和行为习惯。所以，在未来的课程建设当中，我们将努力构建"特色体育""特长培养""习惯养成""问题解决""可持续发展教育""科学探究""项目学习"等七类课程，形成"生态+"课程体系，实现学生可持续发展的目标。

（二）构建问题解决式的课堂生态

教育生态观强调自主性，注重学生的自主学习、自主发展，而这种自主性也是学生可持续发展的原动力。所以，我们必须站在学生自主学习的角度思考问题，从让学生自主解决实践和生活问题的角度出发，设计课堂情境，设计学习任务，设计教学流程，有效引导学生通过自主探究总结规律，通过自主实践解决问题……努力构建起"创设情境—明确任务—自主探究—归纳方法—实际应用"的课堂模式，形成问题解决式的课堂生态，有效促进学生的可持续发展。

（三）构建走向自然的活动生态

要实现学生的可持续发展，还必须让学生融入生活实践，融入自然和社会，实现理论和实践的统一，达到知行合一的目标。所以，在未来的教育中，我们将更多地利用环境资源、自然条件，组织学生开展参观、考察、学习、体验、实践活动，让学生在丰富多彩的活动中关爱自然、奉献社会、服务他人、发展自我。

以上是我们对生态学视域下学校生态问题的思考，这其中有的是构想，有的已经付诸实践，并取得了初步成效。未来，我们将继续依照"教育生态观"的理念，深化自然教育，打造学校特色，努力实现教育自然发生、生命健康成长的愿景。

教育生态观视角的"书法+"课程育人实践

田连新

立德树人，五育并举，是新时代义务教育阶段的根本任务。教育部《关于中小学开展书法教育的意见》指出：书法是中华民族的文化瑰宝，是人类文明的宝贵财富，是基础教育的重要内容。通过书法教育对中小学生进行书写基本技能和书法艺术欣赏能力的培养，是传承中华民族优秀文化，培养爱国情怀的重要途径；是提高学生汉字书写能力，培养审美情趣，陶冶情操，提高文化修养，促进全面发展的重要举措。

潞城镇中心小学以教育生态观为视角，力争构建自然的学校生态，保障教育教学各个环节密切协同、和谐运转。在这一理念指导下，我们充分发挥潞城镇中心小学"书法育人"的特色，大力推进"书法+"课程综合育人功能的探索与实践，形成了健康完善的"书法+"课程育人生态体系，提高了"书法+"课程教育教学效率，促进了学生健康成长。

一、"书法+"课程育人管理网络构建

学校成立了"书法+"课程育人管理领导小组，形成了学校办公室、教务处、德育处、总务处齐抓共管，教务处主要负责，书法教育实施小组、书法课程研究小组、各学科教研组、书法课程骨干教师、全体任课教师共同实施的"书法+"课程育人管理网络。

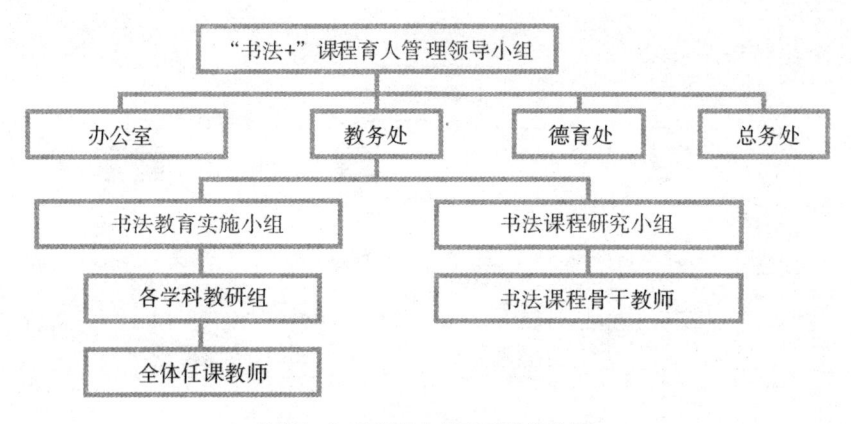

```
                    "书法+"课程育人管理领导小组
                              │
        ┌──────────┬──────────┼──────────┬──────────┐
      办公室      教务处              德育处      总务处
                    │
           ┌────────┴────────┐
      书法教育实施小组      书法课程研究小组
           │                    │
      各学科教研组          书法课程骨干教师
           │
      全体任课教师
```

"书法+"课程育人管理网络结构图

二、"书法+"课程育人环境氛围构建

环境是隐性的课程，所以在构建"书法+"课程体系的过程中，潞城镇中心小学十分重视"书法环境"的营建，切实做到在环境布置上处处体现教育部对书法的要求。比如文件要求全体学生书写楷书，做到规范、端正、整洁。因此，学校的校牌、各办公室室牌、各班班牌、学校宣传栏宣传用语等处处展现规范的文字书写，给学生以潜移默化的影响，使其在规范的汉字氛围中学习、生活。走进校园、踏进教室，墙壁、宣传栏、书法作品展示栏等都成为宣传书法、展示书法的阵地，整个学校成为书法宣传、师生书法展示的殿堂。

三、"书法+"课程育人体系整体建构

"为学生提供多样化课程选择，搭建多元发展平台，彰显学校特色，促进师生主动健康成长，为学生精彩人生奠定基础"是潞城镇中心小学课程体系的指导思想。在"一张、一驰、一创新"（"文张篇"：人文与社会、艺术与审美。"武驰篇"：体育与健康。"创新篇"：实践与创新）课程体系中，学校把书法课程作为必修课程，1~6年级每周1节，安排专职书法教师授课。通过近些年的探索与实践，我校已在北京市通州区连续承办了3届"潞城古韵杯"书法展示活动，书法课程现在已成为我校的品牌课程之一。

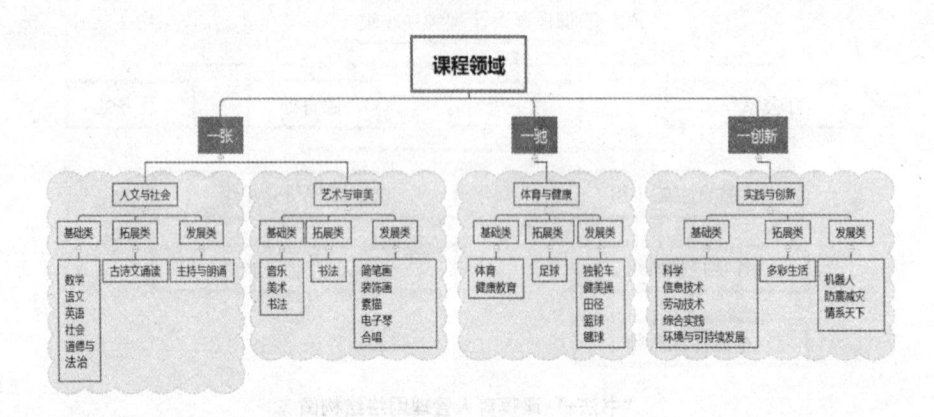

课程体系框架图

四、"书法+"课程育人实施路径探索

（一）"书法+德育"，育人策略立品德

郭沫若曾经说过：培养中小学生写好字，不一定人人成为书法家，总要把字写得合乎规范，比较端正、干净、容易认。这样对养成习惯有好处，能够使人细心，容易集中意志。草草了事，粗枝大叶，是容易误事的。练习写字可以逐渐消除这些毛病。

通过对"书法+德育"课程育人的感悟，我们归纳出书法教学育德策略：①赏识激励，培养书法信心；②故事启迪，学习名家品质；③体味笔法，感悟做人道理；④坚持三净，养成卫生习惯；⑤各科配合，培养写字恒心。

学生通过书法学习，锻炼了毅力，陶冶了情操，舍弃了性格中的不良因素，提高了审美能力和文化品格，书法教育成为我校学生思想品德教育、素质教育的一个亮丽的品牌。

（二）"书法+学科"，合力推进促规范

我校一校四址，每个分校都配有一名专职书法教师，总校成立了书法课程研究小组，形成了以北京市通州区书法学科骨干教师韩佳慧为代表的书法课程骨干教师队伍，定期开展书法教研活动，促进了书法教学工作的开展。

我校书法教学本着从学生的"双姿"抓起，从学生的基本笔画抓起，培养

学生对书法的兴趣，致力于学生行为习惯和基本技能的培养，坚持循序渐进，注重书法修养，提高文化素质的原则展开。

1. 抓"双姿"

正确的坐姿和握笔姿势，不仅有利于书写的规范，也有利于学生的健康。为了达到这一目的，在教学中我们采取了做手腕操、做握笔操、做写字操的方法，加强学生坐姿和握笔姿势的训练，培养学生良好的书写习惯。每次写字之前，先做"写字操"让学生闭眼、吸气，使自己平静下来。注意坐姿，做到头正、肩平、身直、臂开、脚稳。然后检查学生握笔的姿势，做手腕操可以让学生把手腕活动开，有利于学生更好地书写。常见的情形是：学生练字时是一种书写姿势，做作业时又是一种书写姿势。学校要求各学科教师共同配合监督学生的写字姿势，一定要从严、从实、从点滴抓起，使学生养成良好的书写习惯。

2. 抓基本笔画

汉字的书写最基本的是笔画和结构，练好基本笔画是写好字的基础。教师把每个笔画都分解成几个运笔动作，便于学生掌握。如横"一"的毛笔书写，教师分解成八个运笔动作，即逆、顿、转、行、提、按、转、回。

3. 培养学生对书法的兴趣

总体而言，小学生对书法的兴趣不会持久和稳定。我们采取了以下几种方式，收到了非常好的效果：①创设教学情境。课上展示名家的书法作品和学生的作品，激发学生对书法的兴趣。②完善激励机制。每周将学生较好的书法作业用照相机记录下来，第二节课在全班进行展示，每周组织书法作业展示会。③利用多媒体辅助手段，突出重点，突破难点。充分利用实物投影，教师引导学生观察、分析范字，展示笔画书写的运笔过程，学生能观察到教师书写的每个环节，眼观的同时手摹心追，这样学生能感受到书法的韵律和节奏，从而提升学习书法的兴趣，教学效果也得以提高。

书法教育不仅是领导和书法教师的事，各学科教师都有责任和义务规范、准确地书写和运用汉字。学校要求教师上课的板书、学生作业的批改，书写必须规范准确，切实起到表率作用。为了提高全体教师的汉字书写水平，学校为每位教师准备了硬笔字、软笔字书写用具及一块小黑板，要求教师每周必须完成两篇硬笔字、一篇粉笔字、一篇软笔字的训练任务，并上交学校，由专人负责批改，定期进行展评，以此提升全体教师的三笔字水平。

此外，学校还注重强化学生"提笔就是练字"的意识，要求学生做作业时要和练字时一样认真，养成"逢写就不苟，动笔必规范"的良好书写习惯。

（三）"书法+社团"，深入实践促成长

为了使爱好书法和有书法特长的学生都能得到更多的学习书法的机会，学校开设了书法社团，每周一至周三下午由本校教师和通州区青少年活动中心的专业书法教师、课外服务优秀教师对学生进行指导，还为学生提供各种书法观摩、实践的机会。现在学校已涌现出一批书法水平较高的学生，在市、区各种书法比赛中获奖。

三个路径的有利推进，以字育德、以字启智、以字健体、以字益美、以字促劳，真正实现了"书法+"课程综合育人功能，有效落实了"五育并举"，为学生精彩人生奠定了基础。

以耕种园为抓手　构建学校德育新生态

王晓云

随着"教育生态"理念在学校的运用,教育工作者开始对教育、教学、文化、活动、课程、课堂生态问题进行思考和构建。生态德育就是在这样的背景下产生的一种全新的策略和模式。它指的是以学生可持续发展为目标,以人与自然、人与社会、人与人的和谐发展为宗旨,从人与自然相互依存、和睦相处和互惠共生的生态观出发,开发、引导受教育者为了人类的长远利益和更好地享受自然、享受生活,养成关心爱护自然环境和生态系统的生态保护意识、思想觉悟和相应的道德文明行为习惯而提出的一种全新的教育策略。我校地处农村,能够很好地应用这种教育策略,将德育与自然环境和社会生活联系起来,构建学校德育的新生态。实践中,我们选择的路径是:依托校内土地资源丰富的优势,开发耕种园,开展种植体验活动,让学生亲近田园,构建有利于学生生命成长与发展的生态环境,探寻生态德育实施策略,使学生在活动中体验和感悟自然、扩展和丰富精神世界,促进学生人格健全发展。在构建这种德育新生态的过程中,我们采取了以下策略。

一、在种植中达成立德目标,发展内在生态

生态德育要求学校德育工作者必须把德育内容、德育目标同自然环境、生活实践联系起来,让学生亲近自然,走向社会,感悟体验,健康发展,这样才能有效促进学生个体内在生态的和谐发展,实现立德树人的目标。基于这样的认识,每年春季,学校都会结合当前德育热点,精心选择农作物品种,并据此确定德育主题,将德育的目标、内容融入种植实践各个环节,使耕种活动向育人聚焦、向德育聚力,达到提升生命价值、强化价值取向、培育向上氛围的目的。

一是在种植体验中领略人生。粮食要经过耕种、锄草、收割、春打、扬场

等好几道工序,才能放进粮仓。可见,我们餐桌上的每一粒粮食都来之不易。学生从种到收,认真观察小苗的生长情况,做记录、制作标本、写观察日记。在老师的引导下,学生们体会着小苗的生长历程,体会着生命的价值所在。如果没有我们师生的精心管理、细心呵护,没有土壤的孕育,小苗将会怎样?学生们在动手实践、讨论中,逐渐认识到小苗的成长需要我们开垦土地、播种、浇水、施肥和精心的管理。从一株株小小幼苗的成长,学生们体会到了稼穑艰难,体会到了自己成长过程中离不开父母、老师的辛勤培育,从而生发了爱父母、爱身边每一个人、爱护生命、珍惜生命的情感。

二是在观察实验中激发情感。勤劳的中国人民用占世界7%的耕地养活着占世界22%的人口。在耕种园,我们开展科技对比种植实验。学生们进行对比实验观察,面对着两块长势不同的小麦,学生们感受到了科技给农业带来的巨大变化,产生了学科学、用科学的热情和长大建设家乡、用科技建设祖国的情感。

三是在社会调查中传承美德。看似简单的一粒米,可以折射出一个人、一个国家、一个民族对待节俭的态度。浪费一粒米,扔掉一个馒头,丢弃的不光是粮食,更是中华民族勤俭节约的美德,是一种做人的品格和精神。为了让学生体会到粮食来之不易,我们除了让学生体验种植过程的辛苦,还让学生在日常生活中对家庭晚餐情况进行调查。短短五天的时间,学生们写出了调查报告,发出了深情的倡议:适量取餐、杜绝剩餐;合理点餐,剩菜打包;面对浪费,及时劝导;积极向同学、家人等宣传节约粮食的重要性;为节约粮食提出金点子、好建议;积极参于做饭、粮食种植等劳动;注意营养,不偏食、不挑食……调查活动的开展,规范了学生的行为,传承了中华美德。

二、在课程中突出多元发力,构建育人生态

生态德育强调自然生态、类生态和内生态"三重生态"的圆融互摄。其中的类生态是指"人与他人、人与社会、人与族群、人与文化之间的关系"。我校在推进农耕实践的过程中,不仅开发了"高巧包衣小麦种植""彩色玉米""根茎植物""豆类植物""月季扦插"等综合实践课程,而且注重在课程实施的过程中构建和谐共生的类生态,实现教师与学生的互动,全员全过程地多元发力,让德育不再是枯燥的说教,而成为滋养生命健康成长的沃壤。

1. 用融合式实践构建多元育人生态

生态德育特别强调环境的开放性、方法的多元性。所以，我们不仅要整合校内外的资源，还要真正实施全学科、全过程、全学段、全方位育人。我们学校在依托耕种园构建生态德育体系的过程中，不仅注重整合校外资源，利用周边村镇对学校的支持，让学生到农田实践，而且充分整合校内各学科的力量，使其协同发力，共同引导学生成长。比如在"走近红薯"主题实践活动中，学校利用红薯收获季组织开展了"红薯节"，让多门学科教师共同参与，将各学科知识整合到活动中来，组织学生开展多学科实践活动，激发学生潜能，开启生命智慧。

"红薯节"学科实践活动内容安排表

学科教师	活动内容	活动成果
语文教师	搜集、整理红薯的知识	说明文、手抄报
美术教师	设计展板、创作红薯盆景	展板和创意展示
数学教师	称红薯重量，计算产量	评选"红薯王"
劳动教师	收获红薯	掌握技能，得到收获
信息教师	拍摄记录种植过程并制作专题片	专题片展示
品社教师	分享收获，撰写知家乡、爱家乡、热爱大自然倡议书	宣读倡议书 培养学生绿色环保理念

2. 用项目式学习构建自主发展生态

生态德育强调学生的自主性、参与性。所以，在推进生态德育的过程中，我们积极依托耕种园，开展"变废为宝"活动，实现校园垃圾减量的自主项目式学习——由学生自主设计、计划、执行一个完整项目，并最终自主产出一个面向公众的结果，从而促进学生自主参与、自主实践、自主发展。我们的项目式学习分四个阶段进行：第一阶段是项目预热。学生们直面当前的垃圾污染问题，通过与垃圾分类知识相关的文章和视频，自主了解垃圾分类及收运管理的相关要求，在学习的过程中寻求新知。第二阶段是项目开启。学生们自发组建团队，自行设计问卷和提纲，通过调查、研究、建议，最终形成调研报告，并进行汇报。汇报内容分为调查主题、调查目的、调查对象、调查方式、调查数量、调查内容、调查时间、工作分配八个方面。第三阶段是项目深入。学生们自主整理分析，汇总调研结果。不同的项目小组结合各自的调研主题，针对所调查和访谈的内容展开数据统计和分析。第四阶段是自主形成调研报告。学生们针对调研的真实情况给出针对性的解决建议和改进策略，自行撰写相对应的调研报告，并以小组为单位进行汇报，与同学们交流调研结果。学生们边进行项目式学习，边进行有机肥的存储。此次活动不仅激发了学生对垃圾分类的兴趣，更让学生在项目式学习的过程中自主建构绿色环保"世界观"，养成自觉进行垃圾分类的好习惯。由此，我们看到了，垃圾分类知识大赛中，学生们丰富的知识储备；垃圾桶边，分类投放的小小分拣员；操场上，自觉蹲下身子捡拾纸屑的身影……这种自主生态的形成，提高了德育的实效性，实现了由知到行、由他律到自律的转变。

3.用发现式研究构建探究学习生态

生态德育十分注重体验性，强调学生在与自然和社会的亲密接触中探究、发现、成长。所以在推进生态德育的过程中，我们学校注重引导学生在研究中实践，在实践中研究，从而培养学生自主探究的能力、用事实说话的品性。2019年，我校以"大豆"为题，开展科技种植活动。在科技教师的带领下，学生们认真观察，做了翔实的记录，发现一种昆虫对大豆果实具有危害性。为了了解和认识这种昆虫，学生们积极上网查阅资料，并到农业部门咨询专家寻找答案。通过这种发现式的研究，学生们不仅认识到这种昆虫叫豆荚螟，还知道它的幼虫能够蛀入嫩荚或花蕾取食，造成蕾或荚的脱落，成虫后能蛀入荚内食害豆粒。在此基础上，学生们还通过请教农业专家的方式，掌握了防治的方法。学生们更多地采取及时清除田间落花、落荚，并摘除被害卷叶和豆荚，减少虫源的方法来保证大豆的绿色、无农药、无污染。这种在实践中发现、在研究中发现的教育方式，不仅让学生通过自己的观察和探究发现动植物的特点，了解动植物的生长过程及变化规律，而且使学生感受到自然界的奇妙和植物顽强的生命力，培养了学生的好奇心与探究植物的热情，关爱和呵护植物的情感和能力，以及对劳动的热爱和对科技的创新精神、钻研能力，更重要的是让学生体会到了人与自然和谐共生的生态理念，正可谓一举多得。

几年来的耕种园实践，促使我们在生态观视域下思考德育目标、德育内容、德育路径，让我们从"生态德育"入手构建"走向自然、自主探究、共生共融、和谐发展"的"德育生态"，有效地落实了立德树人的根本任务。未来，我们将继续用生态观指引德育工作，让潞城镇的德育生态更"自然"、更"和谐"。

发现真问题　解决真问题
——构建学校教科研生态的实践

戴华媛

"如果你想让教师们的劳动能够给教师们带来乐趣，使天天上课不至于变成一种单调乏味的义务，那么你就应当引导每一位教师走上从事研究这条幸福的道路上来。"苏霍姆林斯基的这句话可谓一言道尽"研究"对于教师幸福的重要意义。可是一说到教科研，总是令我们一线教师感到十分困扰，甚至有畏惧心理。

其实所谓教科研，就是教师及教育研究者借助教育理论，以教育教学现象或问题为研究对象，运用先进科学的教育教学思想和方法，有目的、有计划地探索教育教学规律，解决教育教学中的现实问题的创造性认识实践活动。它以学生为本，目的是实现学生的成长发展，助力教师专业成长，从而促进学校发展。因此，我校十分重视教师的教育教学研究，并从学校实际出发，引领教师"小题大做"，选择最贴近教育教学实际的小问题，进行多方面的深入研究。这种研究方式能真正解决教师教学工作中出现的"真"问题，使教科研工作具有实效性，建立促进教师专业成长的教育科研生态。

一、把"真实问题"当作"课题"

教科研要做到"研究真问题，问题真研究"。树立问题意识，需要回答两个问题：研究什么问题？问题从哪里来？教师的每一节课堂教学、每一次教育活动，都是自觉不自觉的教科研实践活动，只是自己不认为、没意识到而已。教育教学实践正是开展科研活动的源泉。教科研研究的问题不是他人的，而是教师自己工作中真实具体的问题，是教师自己发自内心实实在在的需要。通过对教师们研究课题的归纳，我认为小课题主要来源于以下几个方面。

（一）教育现象

教师在实践中，若能对某些教育现象悉心思考，深入调查，也会从中发现和形成颇有价值的研究课题。如我校教师在教学过程中发现学生识记单词存在很大问题，就进行了"小学英语词汇学习困难成因及教学策略"的研究。这样便实现了从现象到本质的思考和探索。

（二）教育改革

在教育改革与教育事业发展中会遇到许多新情况、新问题、新理念，也就形成许多研究课题。习近平总书记在全国教育大会上明确指出，把劳动教育纳入培养社会主义建设者和接班人的总体要求，构建德智体美劳全面培养的教育体系。我们以贯彻落实全国教育大会精神为契机，结合我校有土地的优势，开垦了耕种园。如何在这片小天地中进行劳动教育？如何让这片土地变为有声有色的课程呢？教师们在这样的叩问之下，申请了"核心素养引领下的农村小学劳动教育实践研究"课题，并开展了深入研究。

（三）工作实际

每个教育工作者都有自己的工作任务与职责，应当如何提高工作的效率呢？这里就有许多值得研究的课题。"农村小学语文高年级课内外阅读衔接的研究"就是教师发现学生阅读量不足，产生将课内阅读与课外阅读结合以促进学生阅读能力提升的想法之后确立的研究课题。

（四）工作困难

"农村小学提高教师教学反思能力的研究"是一位教学主任发现教师对自己的教学行为缺乏研究与思考的问题后确立的课题。通过此项研究，她让教师明确了反思的重要性，提高了反思意识，掌握了反思的方法，从而提高了教学质量。教师在教育实践中会遇到各种困难，工作中也会产生这样或那样的缺点，有的还带有一定的普遍性，解决这些问题对于提高教育质量有重要意义。我们要学会把这些问题转化为课题进行针对性研究，这样才能让问题有价值，让实践出真知。

课题追求实用价值，即解决日常教育教学中遇到的问题，或为教育教学中的某个现象寻找答案。发现问题、提出问题是教科研的起点，而良好的开端是成功的一半，依据上述方法找准课题我们就赢在了起点，这是构建教科研生态的关键所在。

二、把"解决问题"当作"研究"

教师教科研必须从实际出发，以解决教育教学实际问题为目标，寻求解决问题的方法和策略。只有教育教学和研究相得益彰，将研究落实于教师的日常教育教学，走向日常教育教学，实现两者完美融合，教科研才能成为教师教育教学的得力助手。在构建教科研生态的过程中，我校采取了以下两种方法。

（一）问题归因有方法

教科研需要在研究与教育教学二者之间寻找有机结合点，也就是教师们确立研究课题后，就要运用研究方法，对研究的问题进行分解，寻找问题产生的原因。如在"小学英语词汇学习困难成因及教学策略"的课题研究中，通过问卷、访谈等多种方法得出了小学英语词汇学习困难的成因：一是受学习环境影响；二是缺乏良好的学习习惯；三是课堂教学中方法指导不到位。找到这些原因就为后面的研究奠定了基础。

（二）解决问题有策略

对研究的问题进行分析、归因后，就要思考、寻求解决问题的策略、方法。策略、方法的选择也不是盲目的，一方面要结合理论，有系统的理论支撑；另一方面要充分考虑学生、学校等具体的实际情况，这样才能使我们的研究有根基、有生命。在"农村小学提高教师教学反思能力的研究"课题中，我们发现有三方面原因造成教师反思能力弱：其一，教师反思意识淡薄；其二，不知道如何反思；其三，反思的内容没有真正和教学实践相结合。在研究过程中要循序渐进找到解决问题的方法，并在教学研究的过程中不断调整。首先从理论学习做起，结合实例，即学习反思的方法，体会反思的作用，树立反思意识；在教学中研究，指导教师关注自己的教学，尝试做反思，学会反思的方法；在研究中教学，用反思的成果改进教学，把成果转化为实践，实现教师的专业成长。

教学和科研是相互依存的，我们要积极鼓励教师学习新的教学经验和理论，充满激情地开展创造性探索活动，适当开展规范的教育科研，提升教育科研的水平，实现自身教学水平的提升。这种"学研相济"的策略是构建教科研生态的有效路径。

三、把"自身成长"当作"成果"

开展教育科研取得的成果可以用日志、叙事、案例、反思等方式进行表达。这些方式与教师工作实践相辅相成，能很好地解决工作与研究的矛盾，是教师教科研活动的重要载体。它们既可以成为教师教科研活动过程的记录，也可以成为教科研活动成果的表达方式。

另外，很多时候，我们开展教育教学研究的主要目的是促进教师自身的专业成长，让教育教学得心应手，让学生有实际的获得感。所以，在构建学校教育科研生态系统的过程中，我们一方面要为教师的教育科研成果表达找出口、寻帮助，另一方面更要鼓励教师在研究的过程中看到自身的成长和进步。其实，我们都可以做研究型教师，我们要善于将自己的研究成果用恰当的方式表达出来，让研究为我们的教学生涯注入无限的生命活力。

教育科研是一种享受，因为它是智慧和挑战，它赋予我们的不仅是捷径和成功，更是对我们好奇心的激发与满足；教育科研是一种回归，它把个人的思考推广到大家的教育教学实践中，并在实践中检验、修正、提升。教师专业化发展之路在何方？就在脚下——深入、扎实、有效地构建"发现真问题，解决真问题"的教科研生态。未来，就让我们一起努力吧！

生态观视域下的德育研学课程设计

康谊坤

学校生态是指影响学校发展的各种因素之间的关系或发展的样态，这种关系或样态直接影响学校中人的健康发展。2019年有学者提倡学校要打破学校边界，建立学校新生态，将学校变成功能整全的生态助长系统，推动学生从二维学习走向多维学习，赋予师生面向未来的生长力。我校坐落在城市副中心，紧邻通州森林公园，这样的环境有着丰富的教育资源。受上述理念的启发，我们确立了"打破边界，让学生走向自然，让教育自然发生"的研学课程建设思路，并启动了研学课程设计研究。在这一过程中，我们对研学课程设计的原则、目标、内容、实施途径进行了系统的思考和建构，以便发挥自然环境的功能，构建"自然—人—事物"协调配合的德育生态，实现丰富学识、培养能力、体验情感、塑造品格的育人目标，落实立德树人根本任务。

一、研学课程的原则

（一）体验性原则

"纸上得来终觉浅，绝知此事要躬行。"要想让研学课程真正发挥其教育功能，就必须将体验性原则放在第一位，让学生真正地参与到研学活动当中，亲自看一看、听一听、摸一摸、触一触，这样才能在亲身体验中发现问题、提出问题、得到感悟、激发情感。

（二）教育性原则

研学课程绝对不是普通的旅游，它必须是有目的、有计划、有组织的探究性、实践性活动，我们要通过它对学生进行集体主义、爱国主义、习惯养成、关爱社会、敬畏文化、创新实践的教育，这样才能让研学课程真正发挥作用，实现育人的价值。

（三）地域性原则

我们的研学课程主要是从学校周边的环境中取材，体现城市副中心的文化特色，让学生通过对家乡自然环境和风土人情的了解，实现学科知识与地域文化的对接，在激发学生爱家爱国情怀的同时，促使学生"带着课本去研学"，实现知行合一。

（四）整合性原则

将校外的研学资源与校内的学科内容、德育目标、学生综合素质评价等内容有机整合，实现跨越学科边界，多学科共同协作，促使学生综合运用所学知识，提升学生的综合素养。

（五）安全性原则

在设计研学课程的过程中要将安全问题纳入其中，明确提出对学生的安全要求，做好安全保障措施，确保师生的生命财产安全。

二、研学课程的目标

（一）丰富学生见识

我们的研学课程主要是以义务教育小学阶段各学科教材内容为基点，以学科知识点为依据，结合不同学段学生的年龄特点进行开发和设计，从而促使学生巩固和掌握学科知识。在此基础上，拓宽学生的眼界，丰富学生对社会生活中人、事、物的认知，增长学生的见识。

（二）培养关键能力

学生核心素养主要指学生应具备的，能够适应终身发展和社会发展需要的必备品格和关键能力。核心素养包括三个方面、六大素养、十八个基本要点。研学课程设计要能够激发学生的人文情怀，增强学生的审美情趣；要培养学生勇于探究实践的精神；要让学生懂得珍爱自然和生命，在实践中加强对自我的管理，促进学生自主发展；更为重要的是要让学生养成现代公民所必须遵守和履行的道德准则和行为规范，增强社会责任感、国家认同感和国际理解力；培养学生问题解决、技术应用能力……总之，要让研学课程成为学生核心素养提升的有效载体，真正发挥研学课程的育人价值。

（三）获得情感体验

德育讲究知、情、意、行的统一，所以德育研学课程的目标之一就是通过学生的实践体验促进知、情、意、行的统一。我们要通过学生对城市副中心的体验、对大运河文化创意的体验，让学生感悟改革开放的伟大成就，激发学生的爱党、爱国、爱民之情，培育学生的民族自豪感。我们要通过研学课程让学生走进生活，融入社会，感受社会的发展和进步，增强学生的社会责任感。总之，要让学生在研学课程中获得积极的情感体验，促进学生健康积极成长。

（四）培养良好习惯

我们要通过研学课程培养学生爱护公共设施、遵守社会公德、讲究文明礼仪、注意安全防护、努力克服困难、吃苦耐劳等优秀的习惯和品质，要注重从各年龄段学生的德育目标出发设计研究的目标要求，更要结合学校自然教育理念，本着"学以开物，行以致真"的价值追求，努力培养学生健康、自主、坚毅、善思的品质和习惯，让研学课程真正成为潞城镇中心小学"自然教育"的名片。

三、研学课程的内容

（一）自然悦读课程

让学生在阅读当中寻找花鸟虫鱼、草木河川、地理人文的密码，丰富学生的学识，提高学生的阅读能力和素养。

表1 各年级自然悦读课程的内容安排

年级	阅读内容	阅读方式
一年级	《小树的四季》《闻闻大自然的味道》《花园里有什么》《小水滴的旅行》《树真好》	导读+自读+讲述
二年级	《由近到远 由远到近》《一园青菜成了精》《动物的朋友圈》《亲近大自然的孩子》"铃木守的鸟世界系列"	导读+自读+讲述

续表

年级	阅读内容	阅读方式
三年级	《二十四节气旅行绘本（春夏12册）》《盘中餐》《一粒种子的旅行》《从前有座森林》《不要吵醒沉睡的动物》《大自然旅行家》	导读+自读+作品
四年级	《自然图鉴》《昆虫记》《一片叶子落下来》《十万个为什么（动植物篇）》《昆虫Q&A》《我的原始森林笔记》	导读+自读+作品
五年级	《怎样观察一棵树》《怎样观察一朵花》《怎样观察一粒种子》《环游世界80种树》《植物名字的故事》	导读+自读+报告
六年级	《植物园里的自然课堂》《蔬之物语》《植物学家的筷子和银针》《生命的答案植物知道》《盖娅：地球生命的新视野》《森林王子》	导读+自读+报告

（二）文化研学课程

以潞城镇和大运河文化为背景，组织相关文化研学活动，通过实地和资料两种研学相结合的方式，推进研学活动，让学生在亲自实践中，了解地域文化，激发爱家乡、爱祖国的情感，培养学生的实践能力。

表2 潞城镇和大运河文化研学课程主题及课程名称

主题	课程名称
从路县到潞城	1.燕山南麓大道与秦直道
	2.路县故城与路县故城考古遗址公园
	3.新莽通路亭与东汉潞县
	4.北齐渔阳郡治与潞城县治的迁移、燃灯佛舍利塔
	5.唐代潞城遗产
	6.金代通州与潞县
	7.从通州到通县，从潞县到潞城镇
	8.潞城镇与潞源街道
潞城水脉与文化	1.北运河（潞河）的运河文化遗产
	2.潮白河的运河文化遗产
	3.运潮减河的运河文化遗产
	4.京辽古道旁的遗产
潞城生态研究	1.大运河文化主题公园
	2.潞城休闲生态主题公园

续表

主题	课程名称
通州运河的古镇古村	1.路县故城
	2.通州古城与漕运
	3.张家湾古城：京门运河古镇
	4.皇木厂村的漕运记忆
	5.漕运古村之里二泗村
北方运河古镇	1.天津杨柳青古镇
	2.聊城七级古镇
	3.济宁南阳古镇
	4.徐州窑湾古镇
	5.枣庄台儿庄古城
南方运河古镇	1.扬州邵伯古镇
	2.无锡惠山古镇
	3.嘉兴王江泾古镇
	4.湖州南浔古镇
	5.杭州西兴古镇

（三）主题实践课程

教育生态学强调系统中人的自主性，要求人要主动发展。所以，在设计研学课程的过程中，我们要结合潞城镇的自然环境特点，针对不同的主题，开展项目式研学活动，借助项目式学习强调自主性发展，充分培养学生的自主实践、自主研究能力，达到教育生态学所要求的自主性发展目标。

表3　各年级研学主题安排表

年级	研学主题
一年级	森林公园里花的种类研究
二年级	二十四节气习俗研究
三年级	潞城地区果品种类研究
四年级	潞城树木研究
五年级	潞城河流研究
六年级	潞城民俗研究

四、研学课程的实施

（1）分年级、分校区、分步骤实施，逐步形成一校一品的自然研学特色，提高学生的研学能力。

（2）与社会大课堂实践活动相结合，分年级、分校区开展不同主题的研学活动。

（3）以科研项目为引领，聘请专家或社区人士、学者对学生的研学活动进行指导，从专业的角度让学生掌握研学的方法和技能，让学生真研、真学、真有获得。

（4）精心研发和设计研学手册，为学生提供研学的提纲、工具，给学生提供研学的范本，加强研学的过程管理，提高研学的实效性。

（5）将研学活动与传统节日实践活动结合起来，组织开展多种形式的亲子实践，激励家长参与到研学实践活动中。

（6）通过实践操作、竞赛评比、演出汇报等多种形式的研学成果展示，对学生的研学效果进行评价，充分调动学生参与研学的积极性。

以上就是我校在生态观视域下的德育研学课程设计思路，我们期待学生在与自然的亲密接触中自然生长，我们更期待"让学生走向自然，让教育自然发生"的德育生态能够结出硕果，真正提高德育工作的实效性。

小学数学生态课堂教学有效性研究

朱艳明

随着新课程改革的不断推进，小学课堂教学模式、教师的教学方法也在发生着变化，但是现在的课堂上仍然存在为了展现课程改革成果，形式大于内容的现象。例如，小组合作学习模式有时候只是为了"有"而存在，并没有发挥其真正的价值，学生并没有进入良好的学习状态中。虽然课堂显得很活跃，却没有足够的内涵，形式化比较严重，没有很有效地促进学生的学习，达成既定的教学目标，这些现象严重影响着学科教学质量。

卢梭说过：教育必须顺着自然，也就是顺其天性而为，否则必然产生本性断伤的结果。中国著名数学家杨乐在某档专题节目中也提到："我国的学校教育，学校、家庭、社会对学生的期望太高、太急、太迫切，成才是一个很长的过程，是一个比较自然的过程。"基于"取法自然，健康成长"的办学理念，学校也在不断尝试和探索适应新时代发展要求，以科学发展观为引领的数学生态课堂教学，为学生全面发展奠定坚实的基础。

一、转变教学观念，让生态课堂生根

要想让小学数学生态课堂的理念落地生根，教师的教学观念必须转变。教师要明确生态课堂是以学生发展为主体，尊重学生，强调每一个学生的需求、欲望和意识，兼顾学生的个性发展，通过现代课堂教学手段，在教学中实现师生共同发展、持续发展与和谐发展。[1]这种课堂是教师、学生、教材、教学环境之间的对话过程。与传统课堂教学模式不同，生态课堂强调让学生健康成长，努力适应学生的个性发展，最终成为理想课堂，为学生的终身学习和全面发展奠定基础。我们要改变以往为了追求成绩，通过大量机械性的练习来记忆所学

---

[1] 吴鼎福，诸文蔚. 教育生态学 [M]. 南京：江苏教育出版社，2000.

知识、方法的模式。如果我们不做出改变，久而久之，就会让学生对数学的学习产生抵触情绪，失去学习数学的兴趣。这种情况下，提升数学课堂教学有效性的难度可想而知。所以，作为新时代的教师一定要让数学生态课堂牢牢地植根在自己心里，然后再将这种理念转化为教学策略、教学方法在我们的课堂教学之中实践。

在数学生态课堂中，教师首先让学生明确共同的教学目标，教师和学生在这个目标的引导下，通过适当的教学方法和活动一起学习探究。在这样的教学活动中，教师和学生彼此依存，共同发展，不断提高自身的能力和水平。学生的成长离不开自身的努力和教师的悉心栽培，反之，教师的自我成长在一定范围内也受到学生的促进和影响。教师与学生作为数学生态课堂的重要组成部分，只有不断保持着协调、共生、健康、可持续的关系，不停地实现着"平衡—不平衡—新的平衡"的动态发展，最终才能实现教师和学生从认知范畴到生命领域的不断完善和发展。[①]

二、营造轻松环境，让学习无拘无束

兴趣是最好的老师，只有将兴趣点燃，才能使学生成为积极的进取者和知识的真正主人。所以，提高生态课堂教学的有效性，营造轻松的学习环境无疑是提高学生学习兴趣的一条行之有效的途径。

在课堂上，教师要为学生营造宽松和谐的课堂氛围，尊重每一位学生，为每一位学生创造展现自我的机会。这时教师不再是高高在上的领导者、主导者，而是学生学习的促进者、共同成长者。教师要与学生一起共建课堂，与学生一起学习、一起分享、一起成长，让学生感受到学习是一种平等的交流，是一种享受，是一种自然的生命体验过程。在宽松和谐的氛围下，学生的主观能动性会得到更好的发挥，他们会更关注课堂，乐于交流，勇敢发言。学生们思维的火花在交流中碰撞，在汇报中绽放。

[①] 杜亚丽，陈旭远. 透视生态课堂的基本因素及特征[J]. 教育理论与实践，2009，29（19）：52-56.

三、创设学习情境，让学习生动有趣

新课程改革的基本理念是回归生活。教材删除了"繁、难、偏、旧"的内容，教学改变了过于留意书本知识的状况，将理论与实践结合，书本与生活对接，强调以活生生的情景为背景设计教学问题，促使学生学会解决实际问题。在小学数学生态课堂中，情境的创设一定要贴近学生生活实际，是真实的课堂教学情境，这样才能引起学生学习兴趣，激发学生学习的主动性，进而让学生从情境教学中发现问题、提出问题、解决问题，培养学生的观察能力和思考能力。例如，在一年级学生学习收集数据这部分知识时，教师观察到学生很少吃午餐中的香蕉，针对此现象在教学中设计了学生去收集其对水果喜爱程度的数据的实践，然后根据学生收集到的数据再进行简单的整理，得到形象的统计图，最后结合统计图进行分析、说理、得出结论。这样获得的知识学生印象深刻，记得牢固。这种由师生共同创设的贴近生活的实践活动，使学生的学习兴趣高涨，学生的智力活动的潜力得到有效挖掘，也培养了学生主动探究的学习意识。

教师通过创设贴近生活的教学情境，能够让课堂活起来，使学生动起来，更好地促进学生的全面发展。"学习的动力在于兴趣。"小学数学课堂教学情境的创设，首先要满足学生"好奇、好学"的心理需求，把激发兴趣放在首位。我认为一个好的数学情境应该具备三个特点：一是为教学服务。教学情境的创设一定是为教学内容服务的，不是为了一时的热闹，教学形式的多样化、趣味化，而是为了激发学生的学习兴趣，为了更好地达成教学目标，为了培养学生主动探究、发现问题、提出问题、解决问题的能力。二是联系生活实际。即与学生的生活贴近，不是凭空想象，更不是胡编乱造。要营造一种真实的、富有吸引力的学习情境，要能够有效地激发学生参与认知活动的积极性，激发学生学习兴趣和动机。这不仅有利于学生理解问题情境中的数学问题，而且让学生体会到生活中处处有数学，数学的学习就是从生活中来再回到生活中去。三是具有针对性。情境的内容和形式要根据学生的年龄特点创设，要具有针对性。不同年龄段的学生有不同年龄段的特点和培养目标。创设情境时要考虑这些方面。例如，对于低年龄段的学生来说，鲜艳的颜色、可爱的动画形象、有趣的声音会引起他们极大的兴趣，要多创设这种内容生动、形式丰富的情境。

四、小组合作学习，让学生学有所得

数学生态课堂应该是一种合作互动的课堂，学生在生态课堂中针对所学习的内容可以主动采取合作学习、共同解决问题的方式。在小组学习活动中，学生处于很放松的状态，可以更好地发挥学生的内在潜能，更好地培养他们主动表达、乐于倾听、合作探究的能力。每一个组员都能借助团队的力量实现自身能力最大化的提升，同时促进团队更大程度的进步。在小学数学生态课堂教学中教师要大力提倡学生的合作精神，这样不仅能提升学生的学习效率，还能提升学生的合作意识，促进学生合作能力的提升，为学生的终身发展奠基。在合作学习状态下，学生为了个体的成功和集体的荣誉，会加倍努力，积极主动地学习，从而学有所得。

小学数学生态课堂就是要以学生为主体，充分发挥学生的主观能动性，让学生在宽松和谐的氛围中主动学习、乐于合作、善于思考、勇于表达。让我们对学生多一些等待，少一些督促；多一些允许，少一些禁止；多一点儿耐心，少一点儿急躁；多一点儿微笑，少一点儿严厉。为学生创造更多更好的展现自我、和谐发展的机会，让小学数学生态课堂成为一个平等对话、相互激发、智慧生成、愉悦共享的课堂生态系统。

第二部分
北京市通州区南关小学篇

北京市通州区南关小学建于1905年，占地8842平方米，建筑面积3922平方米；编制班额21个，学位820个；教师71人，高级教师8人，市级骨干教师2人，区级骨干教师6人，区级骨干班主任2人。一百多年来，南关小学始终坚持"实施力行教育，奠基幸福人生"的办学理念，扎实推进"力行教育"，校花为"梨花"。多位教师在区"国学赛课"中获一等奖，并为兄弟校做展示；教师们在区"春华杯""秋实杯""启慧杯"竞赛中捧杯，教学质量保持较高水平；科技比赛七次获全国一等奖；学校荣获全国优秀少先大队、北京市首批文明校园、北京教育学院协同创新项目示范学校、北京市基础教育学生综合素质评价工作先进单位、通州区师德先进集体等荣誉称号；在"我宣誓"庆祝建党100周年主题诗诵会活动中荣获突出贡献奖；在通州区阳光体育中小学棒垒球比赛中获得团体冠军。

力行育心　探求教育之路

叶春红

在蕴满古朴之风的南大街深处，有一所静美典雅的学校——通州区南关小学。百年历史，为南关小学积累了宝贵的财富。伴随着城市副中心建设的脚步，南关人本着继承与发展的思想，结合当前教育改革，提出了"实施力行教育，奠基幸福人生"的办学理念。即坚持"让南关小学成为师生幸福落脚地"的共同愿景，以培养"身心健康、文雅乐群、善思力行、学有特长"的"力行学生"和"勤于学习、善于研究、勇于创新、和合共进"的"力行教师"为目标，通过"励行的管理、利行的环境、立行的课程、历行的课堂、砺行的活动"创办"师生喜欢、家长满意、社会认可、特色鲜明"的学校。

一、创建绿色生态环境

中华传统文化讲究群体和合，既是人与自然的和合，更是人与人的和谐。南关小学自2016年5月起大力推动"力行教育"，努力营造"力行文化"，积极塑造"力行党建"品牌，以知行合一为目的，引导学生在知中行，在行中知，推动具有力行特色的学校文化建设。校园简约精致，春季梨花如雪，夏季榕花似火，秋季果坠枝头，冬季银装素裹；还建有笃志园、守信路、《少年中国说》竹简墙、漂流书架等人文景观，让人置身其中感到亲切、自然、清新、灵动。2021年是中国共产党成立一百周年，这一年，学校在操场南墙上绘出巨型作品"穿越百年时光的红船"，由百年历程中的重要节点组合而成。由少先队员组成一支讲解团，带领听众"坐上"红船，从"一大"的召开到抗战胜利；从中华人民共和国成立到第一颗原子弹的成功爆炸；从党的十一届三中全会的胜利召开到成功举办奥运会；从世博会的胜利开幕到2020年摘掉832个贫困县的帽子……少先队"红孩子讲解员"们带领小听众们共同领略大党百年风采。

二、建构教师幸福园地

（一）幸福的沃土

1.加强师德修养，树立职业神圣感

作为教师，不仅应把教师当作一个谋生的职业，更应当作一种追求的事业，从对教育事业的热爱与忠诚中获得幸福感；用真诚的心与学生交流，从学生的成长和师生融洽的情感中体验教师的神圣感。

2.激发工作热情，提升职业成就感

学校要加强教师培训，培养激发职业情感；完善教师培训机制，充实培训内容。陶行知先生早就说过："教育乃一种快乐之事业，愚蒙者，我得而智慧之；幼小者，我得而长大之；目视后进骎骎日上，皆我所造就者。其乐为何如耶！"

3.创设和谐环境，增强职业荣誉感

首先，学校要创设和谐的、宽松的工作环境，满足教职工精神上的需要，把"爱"贯穿在教育管理的全过程，要善待和关心每一位教师，通过领导者自身的人格魅力和情感管理让教师觉得可亲、可敬，以情治校，以情感人，学会热情关心人、充分信任人、诚恳对待人、善于激励人。其次，在和谐的氛围中加强领导班子建设。苏霍姆林斯基曾经说过："一个学校的领导者，只有每天精益求精地提高自己的教学与教育技巧，只有把学校最本质的东西——教学与教育，教师与儿童摆在第一位，他才能成为一个好的领导者，成为一个有威信的、博学多识的'教师的教师'。"

4.塑造阳光心态，增强职业满足感

俗话说："态度决定一切，有什么样的态度就会有什么样的工作效率和心境。"所以工作生活中培养五种积极心态尤为重要。一是培养知足感恩的心态，营造融洽而有温度的氛围；二是培养失败归零的心态，涵养坚定而面向未来的情怀；三是培养学习反思的心态，孕育修齐治平的智慧；四是培养付出奉献的心态，提高为人民服务的思想境界；五是培养合作创新的心态，形成团队战斗力和协同发展效应。

（二）提升的沃土

教学质量是教育的生命线，而教学工作是学校工作的中心。围绕教学工作的管理与开展，我们立足本校实际，在教学上舍得投资，在教师教学水平的提高上坚持以研促教，在常规管理上做细做实，在各科作业的安排上做到分类布置，在学生的培养上做到因材施教。

1.青年教师的培养

新时代教师职业修养的变化主要表现在要求教师有三大意识和能力：

第一，参与时代的意识和能力。新时代里，好教师要站在时代的前列，对时代的变化有足够的感受力，以时代发展的眼光来审视当代教育，能发现教育中的问题，提出改革的建议，而不再是传统意义上的教书匠。

第二，要有促进发展的意识和能力。教师不仅要对整个宏观教育的发展有促进的意识和能力，而且要对教育的群体或个体发展有促进的意识和能力。

第三，要有研究的意识和能力。教师对自己的教育行为本身要具有设计、实践、评价、总结、改进的能力。具备这种能力，不仅对提高教育质量具有重要意义，而且对教师劳动本身也具有重要价值。

2.中青年教师的培养

学校大力推进课堂教学改革，提升教师业务水平与教学能力，努力造就一支"为人师表、爱岗敬业、严谨笃学、与时俱进"的力行教师队伍。

（1）让新教师与中老年骨干教师"师徒结对"，使青年教师在指导老师的带领下健康成长。每一位新上岗的青年教师都要制定自己的发展规划，担任师傅的教师则要切实搞好"传、帮、带"，督促青年教师在业务上尽快入门并成熟。

（2）积极开展教改和教科研，树立"教学即教研，问题即专题"的意识，积极投身新课程教学研讨，反思教学行为，总结教学得失，努力培养从事教科研的自觉性和主动性。

（3）继续实施"走出去，请进来"的培训办法，组织中老年教师外出学习、听课、听讲座。

（4）抓教学基本功和教育常规，通过组织三字一得（粉笔字、钢笔字、毛笔字、教学心得）竞赛，以赛促练，掀起中老年教师苦练基本功的热潮。同时，通过说课、听课、评课等活动，全方位提高中老年教师的教学能力。

三、厚植学生成长沃土

新时期，学校教育尤其是德育工作面临着新的形势和更为严峻的挑战。社会环境、家庭背景和学生身心发展现状与过去相比，都发生了巨大的改变，传统的德育工作内容、阵地、形式、方法早已显示出过多的不适应。实施新课程改革以来，学校紧密结合新课程理念，积极整合德育资源，着力创新德育工作途径，进行积极的探索和实践，最大限度地发展学校的教育空间，构建"三全"工作体系，务实、科学、创新地开展德育工作，凸显科学教育、人文教育特色，打造一流的校风和学风。首先，应从养成学生良好的行为习惯入手严格管理，培养文明习惯，确保良好校风。其次，创造有利条件积极尝试"学生自主管理模式"，认真设计和广泛开展德育实践活动，将学校德育课堂延伸到家庭、社会，将家庭、社会资源引进课堂，充实学校德育力量，形成学校的德育校本课程，促使学生有更多的机会关爱自然、融入生活、了解自我、服务他人。为了培养孩子的劳动精神，校园的甬路花盆中栽上了同心向党的种子，五年级每个班分到一块责任区，学生负责管理，看着种子发芽，长成幼苗，学生们又学着给秧苗插架，每天都会关注秧苗的成长，在劳动中学会了合作。最后，学校要把心理健康教育作为一项重点工作来抓。力求通过开展心理健康咨询、邀请心理学专家做报告以及心理教育进课堂等措施，有效地排除学生的心理障碍和思想困惑，增强德育的有效性。

总之，"以人为本"的学校管理核心便是实现人与人的和谐发展，即学校管理者要在建立相互尊重、理解信任和关心人际交往的基础上，树立人力资源是第一资源的观念，尊重劳动，尊重人才，尊重创造，关注教职工和学生的全面发展。只有这样才能建立合理的学校内外生态环境，提高教学效率，促进学生健康成长，实现学校可持续发展。

探究教育生态　化解疫情危机

钟　华

教育生态学，概括地说是研究教育与其周围的生态环境（包括自然的、社会的、规范的、生理心理的）之间相互作用和机理的科学。庚子年初，新冠肺炎疫情席卷而来，生态环境的变化打破了教育的正常秩序，改变了教育原本的生态环境，倒逼着我们因势而行，通过迅速调整以适应新的教育生态。疫情是一场考试，考验着我们与周围生态环境共生的教育智慧，考验着我们化解危机的专业能力和敬业精神。

一、用专业化危机为创新契机

突如其来的疫情，让假期延长了，学校停课了。老师该怎么教？孩子该怎么学？家长该怎么办？疫情带来的是问题，但更是一种契机，我们用教育者的专业能力化讲台危机为搭建线上教育平台的契机，开拓了新的教学路径。

（一）未雨绸缪，搭建线上教育平台

2003年和2008年，中国教育电视台"空中课堂"为因"非典"和汶川大地震而无法正常上课的学生提供学习和心理健康辅导服务，取得了良好的效果。这两次突发公共事件带给我们的反思是：教育与技术结合将会成为我们应对各种生态环境变化的一种全新的教学方式。

为此，我校2017年就引进一种线上办公平台，在2017年、2018年雾霾停课期间，老师们就通过这一平台进行线上教学，获得了家长的一致好评。2020年新冠肺炎疫情暴发，"停课不停学"使广大师生手忙脚乱。我校立刻启动这一平台，以直播或录播的方式向学生推送校本课程资源，在学校的统一部署下有条不紊地开展各项教育教学活动。

（二）创新模式，开拓线上教学路径

根据五育并举的课程建设要求，结合线上教学的特点，我校推出了"7553"教学模式，对课程设置、教师教育教学行为和学生学习方式、质量评价等进行精细规划。

1.七大课程模块

在延期开学期间，学校设置了阅读与表达、数学与思维、艺术与审美、体育与健康、实践与活动、劳动与科技、家长课程七个模块"五育并举"的课程。七大模块涵盖了所有学科，由学科组长牵头完成课程的录制。

2.五大教师任务

（1）及时上报疫情信息。每天及时准确收集、整理、上报师生信息。

（2）推送课程资源。每天推送市区课程和七大模块校本课程。在推送之前，老师要先学习，然后根据学情向学生推荐。问卷调查显示，这种方式受到了学生和家长的欢迎，满意度达到93%。

（3）线上线下实时互动。学校的答疑互动分成两种形式：一是固定答疑，全学科教师每天下午3：00至4：00会在网络教室组织学生展示学习成果，对学习重点、难点进行解读；二是多时段答疑，教师通过网络、电话等方式及时和个别学生沟通，了解学情。

（4）布置作业。作业强调个别化和个性化，老师可以一对一教学，分层次留作业。调查问卷显示，家长对这项工作也十分认可，满意度是91%。

（5）进行网络教研。每周教研组通过网络技术，做好课程交流与资源整合、课题研究与业务学习。

3.五环学习模式

自主学习—线上指导—精准答疑—适度作业—多方评价。

（1）"自主学习"，即实现"学生会学"。教师通过开展学科综合实践课程，把同步配套的"学习单"发给学生，让学生按任务自己先去探究，引导学生自学。

（2）根据学习单的完成情况，教师通过"指导、答疑、作业"环节针对学生自学中的困难、困惑进行点拨。

（3）学校通过艺术作品展示课、"我是小老师"学生微课、年级微班会、德育活动课、科技公众号、微信平台、班级美篇等多种方式和途径，对学生的学习成果进行综合评价，激发学习兴趣，达到交流、提升、促进的目的。

4.三大任务清单

即"作息时间表、学习任务单、自主学习记录单"。

（1）学生自己制定作息时间表，由家长监督孩子依表执行。

（2）教师下发自学任务单，学生在自主学习过程中认真完成。

（3）学生每天都要记录当日的课程内容和收获，并在和师生互动交流时分享展示。

线上学习"三大任务清单"，是引导学生开展自主学习，培养学生自主学习能力的重要载体，对激发学习兴趣、培养学习习惯、掌握学情起着重要的作用。

二、以敬业化危机为契机

疫情伊始，我们的老师就进入了一个全新的工作状态。从宽敞明亮的教室到自家的书房，地点变了，但我们同样将孩子们领入知识的海洋；从用得顺手的多媒体到自家的手机、电脑，工具变了，但我们用尽各种办法照常为孩子们提供丰富的精神食粮；从课堂上的你来我往到"云"中交流，方式变了，但我们的关怀依然温暖着孩子们的心灵。我们以不变的敬业精神化客观条件突变的危机为追求完美、不断提升自我的契机。

（一）线上教学困难多

这场突如其来的疫情，不仅"逼"我们每个人宅在家里，更把老师们从课堂"逼"到"云"中，把考验摆在我们面前。

一是技术考验。老师们要学习软件的操作方法，要学会线上批改作业，还要想办法线上互动，让学生看到板书，学习使用PPT，等等。

二是心理考验。首先，老师们会有课前焦虑，担心网络是否畅通，担心操作程序是否正确，担心学生是否能专注听讲。其次，以前听课的只是固定的几十位学生，现在老师面对的不仅是学生，还有家长，甚至更多的人，这无形中给老师增加了压力。

三是授课能力考验。部分老教师线下课堂教学经验丰富，但是操作起网络授课来困难重重，无法发挥优势；年轻教师虽然比较擅长网络技术，但是教学经验不足，上起课来也会束手束脚。

（二）网络教研促提升

线上教学工作给老师们带来了巨大挑战，因此线上教研刻不容缓。我们开展了校本教研、区域教研、项目式教研三个层面的教研活动。

（1）每周各个教研组都会通过网络直播的方式进行校本教研活动，老师们会针对线上教育教学遇到的各种问题和组员们进行交流。大家线上教研的热情十分高涨，原本一周一次的教研活动变成了随时教研、不限时教研。校本教研解了老师们的燃眉之急，真是众人拾柴火焰高！

（2）校本教研仅局限于和本校的老师进行交流，难免会出现信息闭塞的问题。疫情期间，在通州区教研员们的组织和领导下，我们的老师参加了网络教研。教研员们不仅引领老师进行单元整合教学，为开学后的集中授课做好准备，还通过网络，将其他地区的教研专题及优质案例推荐给老师。区域网络教研真正打破了学校的壁垒，让我们能向其他学校的优秀老师学习，帮助老师们开阔思路和视野，推动老师们转变观念，助推今后学校的教学改革。

（3）为了提升校本教研水平，本学期我们开展了项目式教研。老师们研究确定了"生活处处有数学"主题，确定了"舌尖上的数学""生活中的量筒""鱼缸中的数学"等系列探究主题，带领孩子们从观察、操作、品味等不同角度去思考探究数学知识在生活中的体现，数学思想在生活中的运用。大家在教研体会中说：师生在思考中感悟，在感悟中实践，再看，再做，再思……这是学习的模式，也是我们人类生存、发展的模式。

1983年，邓小平同志为北京景山学校题词："教育要面向现代化，面向世界，面向未来。"今天看来，这是一句非常有远见卓识的话，它不仅指明了中国教育发展的方向，更指示我们要从教育生态学的角度去研究以教育为中心的各种环境系统，分析其功能以及与教育、与人类的交互作用关系，以寻求教育发展的方向、教育应有的体制以及应采取的各种对策。面对疫情，我们通过认真研判、动态调整，促进了教师应用现代教育技术能力的飞速提升，实现了学科实践活动的落地生根，收获了远程教研的高效高能，落实了学科融合的五育并举，做到了因材施教的分层教学。我们会在不断的探索中努力前行，以专业能力为笔，以敬业精神为魂，认真书写教育改革的试卷！

好的教育生态是家校和谐共进

马 屾

家庭是社会的细胞，家庭教育是基础教育，又是终身教育，它对一个人的启蒙、成长、成才有着不可估量的作用。一个人的思想、品德、行为习惯、意志性格的形成都离不开家庭。家长的素质直接影响孩子，家长的人生观、日常道德规范、待人处事都对孩子成长起着潜移默化的作用。在当前竞争激烈、"内卷"频现的社会，教育也不可避免地出现了"全员焦虑"。教育"被矮化"甚至"俗化"为升学或获取分数的工具，学校、父母、孩子互相施压、互生嫌隙，最终导致家庭矛盾激化，青少年心理问题频发，家校缺乏理解和配合，教育生态一片蛮荒。要打破这种局面，笔者认为唯有学校先行，把先进的教育理念和教育方法传递给家长，家校共育，互学共生，才能打造良性的教育生态，孩子才能阳光自由地成长。

一、以办学理念为先导，分阶段探究家校工作

学校自逐渐开始尝试各种模式的家校合作实践探索以来，虽然因学校学生的家长流动性大、原生家庭类型纷杂等遇到了很多困难，但也已经过了最初的两个阶段，目前正在完善第三阶段。

第一阶段，学校与学生家庭间的沟通比较少。第二阶段，呈现"学校指导家庭，教师教育家长"的方式：学校定期将家长请进校园，为家长传授教育理论，让家长了解学校的办学情况及学生的学习、活动情况。

随着教育政策的不断细化、全面化，尤其是为了让孩子们享受平等的教育，学校开展了各种各样的活动，家长们的教育意识也越来越强烈。"构建一种良性的家校合作方式，使学校教育更健康地融入家庭、走向社会"变成了第三阶段家校工作的目标。

二、以教育理念为先导，提升教师和家长的认识

家庭教育的不足会对学生产生巨大的负面影响，我们的教师也对家庭教育工作的重要性认识不足。因此，首先从转变教师的家庭教育观念入手，先改变我们的教师，再改变家长。学校依托项目组引进专家对老师开展专题讲座，又邀请优秀班主任到校和老师们进行交流，从心理健康疏导到家访工作，让老师们对家校工作有了更多、更有效的方式方法，不再有畏难情绪。同时我们也实施家校工作"自转"，请工作有特色的、家校工作开展得好的班主任分享自己的工作心得或者成功小案例，让老师们共同提高。

其次是家长培训，由班主任对其班里的家长进行培训。培训的内容主要是孩子成长过程中一些需要关注的要点和一些具体问题的解决方案。如专门针对一年级家长的"幼小衔接"主题培训、以健康为主题的"做好三防，养育健康的孩子"等。

三、以活动为载体，精心设计家校合作活动

在家校合作工作中，学校德育部用各种活动积极促使教师和学生、家长进行不同层次的对话，让先进的理念、创新的思维、鲜活的知识伴随着思想和情感，在彼此之间的交流互动中积极有效地沟通渗透。

（一）经验分享促"共进"

我校在每学期期中都召开一次家长会。在校级家长会上，安排本学期进步大的学生家长进行分享。班级家长会的形式多种多样，班主任首先宣传先进的教育教学理念，解决目前学生管理中最突出的问题，再介绍学校开展的各项活动的必要性，认真听取家长对学校管理和教育教学的意见、建议，让他们为学校的发展献计献策，推动学校教育教学工作更上一个台阶。

（二）设立组织促"共商"

为密切家校联系，增进亲子关系，我校本着尊重、平等、合作的原则，争取家长的理解、支持和主动参与。我校"梨花守护星"家长志愿者团每学期都会有数十位家长轮流到学校门口执勤。学校在每周的红领巾广播中开辟了"小梨花家长课堂"，有家长录好音频到学校播放。他们带着教育方面的经验与体会，专业方面的知识与技能，对学校建设的关心与热情，投入学校的

教育教学活动中。例如，以"迎接建党100年"为活动契机开启的"学习强国到我家"的家长课堂活动，就在党员家长的引领下收到了非常好的效果。学校在参加市区学党史调研访谈时也介绍了此部分内容，受到了市级领导和调研员的好评。

（三）开通平台促"共享"

开办网络公共学习室、公众号后台留言等途径都是学校充分利用网络，为建立"家校通"，营造良好的学习氛围而进行的探索，为家长和学校之间搭建一个平台，探索家教形式、方法、效果。从家长的字里行间就可以看出他们对网络平台的认可："老师能及时通过校讯通跟我们沟通，让我们能够清楚地了解孩子的学习情况，我们管理起来方便多了。""老师给我们提出的意见，对孩子帮助很大，特别是教学短信联系模式……"

四、以"家长开放日"为抓手，共建学校的特色活动

活动一："家长开放日"，各科课程异彩纷呈

每学期学校都开展"家长开放日"活动。家长们带着邀请函来到学校，踏进校门就看到南关小学整洁的校园环境，耳畔响起南关学子的琅琅读书声。课堂上学生们表现优异，积极回答问题；教师热情饱满，丰富的教学形式、活跃的课堂气氛，让听课的家长被深深吸引。

活动二：手拉手，学生家长共同体验组织中的"乐群之道"

"手拉手"互助活动是新形势下少先队教育的有效形式。"手拉手"可以互相通信、互相访问，为孩子们的生活打开了一扇窗；"手拉手"可以使孩子们互相关心爱护，树立为人民服务的意识，发扬集体主义精神。一年级的家长很多不明白的事都可以和五年级的家长沟通，感受到了集体的温暖。

"生态"一词在字典中是指生物在一定的自然环境下生存和发展的状态。良性的家校生态应为家庭和学校创造一个自然的良性教育环境，让每一面墙都可以说话，每一处角落都可以育人，从而促进学生的自由发展，形成正态循环。家长是播种者，老师就是园丁；家庭是阳光土壤，学校就是清风雨露。在这片"树林"里，我们既不能急功近利揠苗助长，也不能不闻不问任杂草丛生。抬头见阳光，低头任风吹，让每朵花都极致地绽放，每棵树都可以拔节生长，这才是家校生态最美好的模样。

倾心投入　静待花开

张宏伟

有这样一个故事：有一个小孩，他的职责是看守橡木桶。但往往一夜之间，他排得整整齐齐的木桶就被风吹得东倒西歪。小孩委屈地哭了。他父亲劝他不要伤心，要想一想解决的办法。于是，小孩擦干了眼泪，想：怎么才能解决大风把木桶吹倒这件麻烦事呢？终于，他想出了解决的办法。这一天，他不但把所有的木桶排列得整整齐齐，还把每个木桶都灌满了水。当天晚上，木桶一个也没被吹倒、吹歪。小孩高兴地说："要想木桶不被风吹倒，就要加重木桶自身的重量。"是的，木桶之所以会被风吹倒，是因为它自身没有足够的分量。因此，每个人都需要通过不断的学习，增加自身的重量。教师的职责特殊，更应该努力让自己的知识丰富起来，不断地为自己充电。

新一轮课程改革对道德与法治课程进行了整体改革，统一使用部编版的道德与法治教材，它涉及时代背景的变迁、指导思想的与时俱进、课程任务的重新定位、课程目标的明确界定、课程内容的全面更新以及教学方式方法的变革等一系列重大改革。因此，教师要在全新改版的道德与法治课程上出实效，就必须付出比以往更多的努力。

部编教材强调儿童生活的意义建构，同时秉承"生活德育"理念，以儿童生活为中心，以儿童成长中遇到的重要事件或问题为线索，为一线教师与学生提供课程学习的资源，倡导回归生活的品德发展、社会性发展的教育。社会的发展需要生态教育，教育的可持续发展更离不开生态教育，我们在进行教学时，要面向学生的生活世界和社会实践，向学生传送生命的信息，促进学生的和谐发展。

一、课堂活动化，绽放生命活力

道德与法治课程是一门以儿童社会生活为基础，促进儿童良好品德形成和社会性发展的综合课程。寓教育于活动之中，是道德与法治课程活动化教学的特点。儿童的品德和社会性源于他们对生活的认识、体验和感悟，儿童的现实生活对其品德形成和社会性发展具有特殊的价值。教育的内容形式必须贴近儿童的生活，反映儿童的需要，让他们从自己的世界出发，用自己的眼睛观察社会，用自己的心灵感受社会。儿童期是道德与法治的启蒙阶段，教育必须从他们发展的现实和可能出发，采用儿童乐于和适于接受的生动活泼的方式，帮助他们解决生活中的问题。这就需要我们结合教学实际，选用并创设丰富多彩的活动形式进行教学，由单纯的知识传授者转变为学生课堂活动的指导者、支持者和合作者。如在讲授"让我们的家更美好"第2课时的第二个活动时设置了这样的问题：创设情境让学生们去讨论当他们遇到这样的情况该怎么办。我想如果只是让学生单纯地去想象交流每个场景，学生们不会说出心声，而演一演就能够促使学生在实践活动中思考，避免单纯地说教。这样便在活动中完成了教学目标，发展了学生的能力。再如本学期我讲"学会沟通交流"这一课时，上课伊始我通过学生们喜欢的撕纸游戏进行导入，既激发了学生的学习兴趣，引起了学生的注意，使抽象的道理更直观，又使学生更好地理解了沟通交流的重要性，为后面的知识做好了铺垫。

二、生活场景化，自主建构知识

陶行知先生认为："幼年人不是孤立的，他是环境当中的一个人。"学校教育的任务就是要把学校与社会、教育与生活紧密联系起来。学生正确的道德理念和道德情感需要通过丰富多彩的活动来体验和感悟，学生头脑中已经形成的正确的道德理念和道德情感，需要通过各种活动来加以巩固和深化，进而形成良好的道德品质和行为习惯。只有这样长期地坚持下去，才能积极地帮助学生随着年龄的增加而逐步形成正确的道德观、人生观和世界观。因此，我们在设计活动时必须把以下两个方面做好，这样学生们才能很好地实现情感体验，我们的教学才能真正实现"活动—体验—感悟"。

（一）活动情境的真实性

我们在教学中必须选择真活动、真情境，因为学生的体验脱离了实际生活，其学习就达不到课程目标；如果学生诉说的东西在生活中是不可能的，也就无法触动学生的内心世界。如讲授"让我们的家更美好"第2课时的第三个活动"发生变化共面对"时提出问题：家庭生活中可能会发生一些变化，遇到这些变化你会怎么做？我们选择了现在很多家庭要面对的"二胎宝宝"问题，这也是现在的独生子女不愿面对的问题，单独生活惯了，不愿意接受另一个孩子来"抢爱"。我想学生们肯定会争着诉说心声，这样便可从讨论中引导学生，使他们感受家庭事务要共商议、共承担，要体现沟通、信任、理解。如上学期我在讲"自主选择课余生活"一课时，设置了关于课余生活的"说说益处"环节，这对学生来说是最有体验的，学生们争着诉说。当有学生说到玩电脑时，引导学生分辨好坏，在学生们的发言中，一起总结出玩电子产品有利有弊，我们要学会取舍。

（二）活动情境的指向性

布卢姆说："有效的教学始于准确地知道希望达到的目标是什么。"教学目标是教学活动的出发点和归宿。在教学中，无论活动内容还是活动形式，都应指向教学目标，为达成教学目标服务。我在"读懂彼此的心"一课教学中设计了三大活动，每个活动涉及的问题都很有逻辑性，学生们根据提示一步步地分析解决问题，从中感悟到家庭成员之间应该相互体谅、相互理解，很好地突破了教学重难点，完成了教学目标。

三、内容拓展化，提供广阔空间

新课程标准要求我们，道德与法治课要打破过去教师和学生围绕教材转，课堂灌输几条干巴巴理论的教学，要准确地把握教材内容探索的平台。在课堂上，学生是学习的主体。教师要尽可能地创设真实的学习活动情境，充分挖掘教材，拓展教材内容，把教科书扩展到学生的生活空间，从学生的生活入手，为学生自由学习、发展和创造提供广阔的空间。如曹增坤老师在五年级下册道德与法治培训材料第5课的分析中指出：要想让学生真正认识到不文明的行为给我们和谐的社会带来的影响，可以让学生观察周围生活中的不文明行为和出示书中的图片资料，课上让学生汇报交流，作为学生我们应该怎样做，从而发现、思考这些行为对和谐公共生活的影响。道德与法治课要回归生活，对生活开放，对社会开放，同时让学生在教材中看到自己、表达自己、发展自己。

总之，生态教育理念引领下的课堂更强调学生在学习过程中的主动性，更加尊重学生，努力适应学生的个性发展，为学生的全面发展奠定基础，让生命在生活和生长中闪光。时代在变，教学在变，特别是道德与法治课程，三分在课堂，七分在课外。所以，我们的课堂必须要贴近生活，充满生活的气息，让学生在生活中学习，在学习中生活。未来，我会把生态教育融入道德与法治课教学，倾心投入，静待花开！

保持教育生态链的"绿色健康可持续发展"

于菲菲

广义的教育是指增进人的知识和技能、发展人的智力和体力、影响人的思想和品德的活动。它包括社会教育、学校教育和家庭教育。狭义的教育主要指学校教育，是教育者根据一定的社会要求，有目的、有计划、有组织地对受教育者施加影响，促使他们朝着社会所期望的方向发展的活动。

生态，有生物的生理特性和生活习性的意思。教育生态借用了"生态"这一术语，是生态平衡与生态和谐概念在教育上的移植、借用，它强调运用生态学原理和法则来思考、理解、解释复杂的教育问题，是以生态的方式来开展教育理论研究与实践的理念。良好的生态意味着人与自然和谐共生，那么良好的教育生态则是要以人为本，促进人的全面、可持续发展，强调教育的持久性、连续性、可再生性发展。教育生态是一个庞大的系统，涉及社会的方方面面。链条上的一个环节出了问题，都会影响整个教育大环境，势必就要出台相应措施进行干预。

当下，由校外培训引发的教育焦虑问题广受社会关注。"义务教育最突出的问题之一是中小学生负担太重，短视化、功利化问题没有根本解决。特别是校外培训机构无序发展，'校内减负、校外增负'现象突出。"2021年5月，中央全面深化改革委员会第十九次会议强调，强化线上线下校外培训机构规范管理。"十四五"规划和2035年远景目标纲要明确提出要规范校外培训。为此，各地加强监督管理、创新课后服务，从校外开始、从校内求因，让学生实实在在减负。

这次政策出台靶向性十分明显，直接把校外培训的减负也纳入这种高规格的中共中央会议讨论内容，而且从新华社发文用词可以看出，本次政策出台态度严肃、势在必行，校外培训机构将面临严监管，校内减负、校外增负的现状即将被改变。很快，教育部办公厅就成立了校外教育培训监管机构，直接对校外教育培训实施综合治理。

  杂草丛生的校外培训教育乱象愈演愈烈，破坏了教育原有的生态链，把学生获取知识的渠道从校内转移到了校外。一个事物的出现，究其原因就是市场需求。家长教育焦虑值"破表"，让校外培训市场有了发展壮大的根基。作为学校教育的补充，校外培训能够在一定程度上满足学生的课外学习需求。家长认为别的孩子都上校外辅导，自己的孩子不上就是跟不上潮流也跟不上节奏，所以这些年校外培训就渐渐变成了所有学生的必需品，本来只有一部分人拼，但是现在信息传播越来越快，家长越来越焦虑，把自己的意志强加在孩子身上，孩子就莫名其妙成了牺牲品，每天忙忙碌碌，赶了上场赶下场。本来孩子只需要周一到周五每天学习8个小时，但是现在几乎每个孩子每天的学习时间都超过16个小时，孩子不快乐，家长不幸福，所有人都在不停地"内卷"，所有人都觉得累。一段时间以来，不少校外培训机构走偏了路，远离了教育初衷。培训机构超标、超前培训，是学生学习负担减不下来的重要原因。教育生态链的"绿色可持续发展"已经受到了极大的冲击，很明显这已然是一个新的社会矛盾。

  党的十八大报告指出："以生态文明为发展导向，切实负起时代和历史的责任，把祖国建设得更美丽、更富强，努力走向社会主义生态文明新时代。"如何把握立德树人的根本任务，如何培养德智体美劳全面发展的社会主义建设者和接班人，关系着下一代人拥有一个什么样的人生，关系着亿万家庭拥有一种什么样的生活，更关系着国家拥有一个什么样的未来。

  首先，教育的本质怎么理解？教育的本质是分流教育，并不是把每个孩子都培养成同一种类型的人才，而是在引导孩子掌握基础知识的前提下，根据孩子自己的天赋实现自然分流。对于基础知识，其实义务教育就完全足够了，而孩子的天赋是各不相同的，有些孩子学习能力强、记忆力强，因而文化课学得好，而有些孩子动手能力强，或者情商高。孩子是不一样的，我们非要通过更多校外培训把孩子都逼成考试型人才，这显然不利于孩子个体的健康成长。对于社会来说，高级教育资源是有限的，对顶尖人才的需求也是有限的，所以在相对轻松和舒适的状态下实现分流是可行的。

  其次，为什么关乎国家教育未来呢？在这次监管中，我们发现了一个危险信号，就是大部分教育机构都在资本化运作。教育本应该是良心的行业，现在却变成了逐利的行业。什么是资本化运作？就是赚钱，赚快钱。教育是一个缓慢的质变到量变的复杂过程，提高教学质量需要时间的累积，并不能一蹴而就，但是制造焦虑就简单多了。在这样的背景下，更多的资本无疑会被用来做销售，而不是研发课程或提供服务。除此之外，优秀的老师在教育的资本化运作中会面临巨大的诱惑，如果不加以整顿，会直接影响整体师资结构，影响教育的长远发展。所以必须优化教育运行体系，改进评价标准，大力推进教育均衡，激励学校和教师依据各自的实际，有效提高学校的办学效能和质量，从根本上减少家长和学生对教育的"功利化"需求。

生态是系统。如果生态坏了，其各个部分都会坏掉，少有幸免；如果生态健康运转，各个部分都会获得正能量，自然根深叶茂。任何体系都有生态，保持生态稳定平衡，方可发展，一旦生态破坏，就难以恢复。关于教育生态的课题，很多专家学者早在20世纪80年代末90年代初就开始研究，相关的论文著作层出不穷。随着时代的发展、社会的进步，许多新的观点涌现，众多专家学者对教育生态不断进行改革和探索。但不论怎样改变，教育生态链条中社会、学校、家庭的关键因素不会改变，立德树人、以人为本、可持续发展的目标不会变。未来已来，教育必将反功利化，回归初心，素质教育和人文关怀会越来越重要。学校重实践、重思维、重创新，不同学科全面发展，不同个性的孩子百花齐放，各美其美，显露美好的姿态、生动的意态，这才是教育该有的样子，这才是教育生态的"绿色健康可持续发展"。

第三部分

北京教育科学研究院通州区第一实验小学篇

北京教育科学研究院通州区第一实验小学始建于2003年10月，拥有教学班54个，教师169名，学生2560余名，市学科带头人、市区级骨干教师29名。学校秉承"开实验之风、育多元之才"的办学理念与"将研究建构在课堂之上"的实验理念，在实验—发现—辐射的层级发展中，创新生成"发现教育"生态管理系统，科学建构"发现教育优质空间场域、发现教育优质研究体系、发现教师优质成长系统、发现少年优质培养系统、发现优质资源辐射共享体系"支撑的五维"发现·优质"模型。《中国教育报》《北京教育》《北京日报》、中央电视台、北京电视台等多次报道我校办学情况。学校先后被评为全国教育系统先进集体、联合国教科文组织可持续发展教育示范校、全国传统文化教育示范校、北京市基础教育改革先进校、首都文明校园、北京市基础教育科研先进校、北京市中小学党建示范点、北京市教师校本培训示范校、北京市中小学科技教育示范校、北京市中小学艺术教育示范校等多项荣誉。

基于教育生态学视角的学校管理系统建构
——以"发现·管理"机制与系统为例

陈金香

学校管理机制是一个以"相互作用论"为基础的教育生态系统。北京教育科学研究院通州区第一实验小学在对"教育生态学"理论的深度理解中，纵观学校发展历程，锚定学校管理焦点，从系统建构的立场出发，在宏观性的整体把握与微观性的要素认知中，以群化思维与统整思维为抓手，探究建构具有发现教育特色的"发现·管理"机制与系统，为实现学校品质力与发展力、教师教育力与研究力、学生学习力与成长力奠定扎实的基础。

一、宏观层面的整体性建构——群化思维建构原则下的"发现·管理"机制

学校改革与发展的前提、支撑与保障是能够产生内在驱动力的学校生态化管理系统的运行。基于学校管理的宏观阶段特质，找准"发现·管理"系统整体性建构的着力点——机制建设，学校依托大数据调研与内外结合、软硬结合的分析原则，遵循基础教育发展的未来特征与师生群体身心成长规律，在"五步管理行程"的基础上，确立学校管理"行"的哲学思想。同时，将教育生态学理念楔入学校管理系统之中，建设教育生态学意义的发现场域，形成教育生态学价值的教师成长管理机制，打造教育生态学的课堂实验模型……从而在时间简史中实现学校管理系统各要素的相互作用与不断升华，为多元化的"发现·管理"机制的建构提供有效路径。

以教师成长管理机制为例，学校在"他者"文化的基础上，遵循"专家助力、项目引领、团队研训、德能并重"的思路，坚持把师德师风建设作为第一标准，以情感读懂教师、尊重教师，在工程系统中将理论产生过程楔入教育实践过程，形成教师成长的"双行走"培养策略与层级性培养工程。一方面，关

注教师主体价值，形成教师"双行走"策略。在此策略机制中，学校以解决教师教育教学实际问题的行动研究、实践研究、策略和模式研究为主要方式，建构"课堂中的行走与行走中的课堂"教师培养策略。"课堂中的行走"包括邀请教育专家学者走进学校、走进课堂、走进课题，转变教师的认知结构与教学观念，为教师教学提出建设性建议与指导，了解课题与实践研究的适切度，发挥课题引领课堂的作用；"行走中的课堂"，即推荐教师加入中心组，走进特级教师工作站与教育共同体，扩大教师的"行走"半径，走进全国各地成长共同体参加展示交流，发挥共同体的价值，开阔教师的视野，启迪教师的心智。另一方面，确立研究型培养策略，打造教师层级化培养工程。从问题出发，综合分析教师团队结构特征与个体差异，层级性打造教师培养系列工程、"五项修炼"团队建设工程、"3+3"骨干培养工程、青年教师"五项攻关"工程、研究型青年教师培养工程，与北京师范大学教育管理学院签约"'90后'研究型教师培养策略研究"项目等，搭建多样化的教科研平台，遵循教学即研究、问题即课题的理念，建立一种研究型文化，打造一支高专业水平、高研究意识、高研究能力的研究型教师团队，让教师普遍成为研究者。以市、区规划课题为依托，对教育教学中的实际问题开展课题研究，着力构建教师个体研究机制、同侪互动研究机制、聚焦问题研究机制等多样化的课题运行机制，不断增强教师的理论思维和成果意识，提高教师的理论修养和学术水平，努力打造一支有影响力与研究力的发现教师团队。

二、微观层面的要素性支持——统整思维建构过程中的"发现·管理"系统

教育必须为社会主义现代化建设服务，为人民服务，必须与生产劳动和社会实践相结合，培养德智体美劳全面发展的社会主义建设者和接班人。如果说群化思维下的"发现·管理"机制的建构，为国家教育方针的落实与学校的高质量发展提供了宏观层面的根本性支持与保障，那么统整思维下包含发现教育课程体系、思维课堂实践模型、项目研究管理等关键要素的"发现·管理"生态系统的建构，则在微观层面为学校整体化教育实验提供了具有结构性、独特性、转化性特征的科学一体化策略。

1.结构性——研究生成发现教育课程体系

在各级领导与专家的引领指导下,学校基于"课程是经验,课程的价值在于为学生提供丰富的学习经验,让学生在探究中发现、在实践中学习、在体验中建构"的课程建设宗旨,探索出一条独具特色的课程管理策略。一方面,面对学科知识结构与儿童认知结构之间存在的差异,创造性形成以基础型、拓展型、发展型为维度的发现教育课程体系;另一方面,以思维策略为依托,综合分析学科点与衔接点,形成学科内整合、学科间整合与课内外整合三条不同的整合路径,内化理解课标要求,外引优质教育资源,在串"点"成"线",由"线"及"面",组"面"为"体"的立体模式中,自主研发七类60门以思维能力培养为核心的主题校本课程,如数独、魔方、魔尺、围棋、七巧板等,从而形成结构明晰的立体多维的发现教育课程体系。

2.独特性——认知生成思维课堂实践模型

在"发现·管理"系统的微观要素构成中,学校秉承可持续发展的理念,在师生的"共研共享共生共创"中,探寻发现教育课程体系的未来性,并聚焦课堂实验,认知生成课程内容明晰化、课堂执行具象化、学习过程自主化的思维课堂实践模型:第一,以教研组为单位,实践总结出"五步发现教学模式",生成具有因材施教特质的课堂教学模型,显性呈现自主探究—领悟—发现的课堂教学过程;第二,以资源包为焦点,将课堂经验转化为教育教学工具的研发,为学生的主体生成与教师的因材施教提供校本化特色的共享资源,为"发现·管理"教育生态系统的创新发展起到了承上启下的作用。

3.转化性——科学实施项目研究管理

在基础教育与高等教育之间的协同创新中,北京教育科学研究院为学校创新发展提供了多元化的教育发展资源支持,并促使我们在转化性的思考中,科学实施项目研究管理。一方面,发挥教师团队力量,生成"1-2-1"项目研究体系,即以发现教育为理念源头,聚焦主题与主体的二维要素,在广义的思维课堂载体中,坚持五育并举,确立以学术项目研究的方式守候生命成长最严肃的命题。另一方面,引入友善用脑项目研究、多元智能项目研究、"A-S-K"项目研究、综合实践与学科整合项目研究、思维训练项目研究、可持续发展项目研究等20个主题项目研究,并在此基础上,自主研发认知风格项目、帽子世界主题项目、阅读研究主题项目、质疑策略主题项目等研究项目。同时，科学分析学生个性特征，制订学生成长计划，重视学生的学习过程与学习动机，为学生创设能够独立探究的情境，并在教育情境中围绕项目研究主题进行学习与实践，落实教育评价指挥棒的价值，实施包含计划评价阶段、实施评价阶段、考核与追踪的阶梯型评价，为发现教育整体化教育实验与学生认知结构、思维品质和核心素养的多元化提升举力护航。

从一所曾经的农村薄弱校成长为全国教育系统先进集体，北京教育科学研究院通州区第一实验小学将在教育生态学的实验场域中，在北京城市副中心基础教育的前瞻思索中，遵循时代发展趋势，持续探究"发现·管理"机制与系统内核，潜心进行具有研究性与实践性的教育整体实验，在"十四五"崭新征程中，同心同力建构最适合并真正属于儿童成长的具有教育生态学内涵的美好世界。

发现学生品格力量　探索班级生态源头活水

周　佳

1976年，美国哥伦比亚师范学院劳伦斯·A·克雷明在《公共教育》一书中提出了教育生态学这一概念。他首次提出从生态的角度看待教育，从个体生长的角度呼吁营造良好的教育氛围，使学生在合作、理解、宽容的环境中学习，享受和谐的精神生活。

在一个完整的班级生态系统中，有老师、学生、外界环境以及属于本班的一套运行机制。班级生态系统与自然生态系统不同，它更多地加入了人为因素。在这套生态系统中老师是设计者，学生是最重要、最核心的构成部分，一切人为创设都是服务于学生成长的。

与低年级明显不同的是，对于高年级学生而言，老师要弱化管理职能，从而提升学生的自我管理能力，逐渐实现学生自治。如何激发学生潜能，激发学生参与班级管理的意愿，让学生将意愿付诸行动，从而形成自治、自律、良性循环的班级生态系统，是值得思考的。结合本校发现教育的实践，我体会到，对学生自身品格力量的发现与激发，才是探索班级生态建设的源头活水。

一、发掘学生品格力量，促进优秀班风形成

一个班级的风气，就像自然生态系统中的阳光，只有让所有的学生沐浴其中，才能促进所有学生向阳生长。班风是班级生态教育的重点，一个生态班集体就如一片生机勃勃的田野，能看到拔节的幼苗，能嗅到芬芳的花香，也能享受丰收的喜悦。班级生态系统中一定要有正确的班级舆论导向，有强烈的集体主义观念，有遵规守纪的纪律意识，有积极健康的进取态度。

那么，如何形成优秀的班风呢？这需要老师用爱的眼睛去发现每一个学生身上的真、善、美，并且让这种真、善、美在班级中形成越来越强大的力量。

一直跟踪报道美国教育改革的记者保罗·图赫在《品格的力量》一书中，用大量的心理学实验和教改案例证明，真正决定学生未来是否成功的，就是学生的品格，而学校在学生的品格教育中肩负着极其重要的责任。

班主任通过语言引导，激发学生积极展示善意；通过实例点评，帮助学生明辨是非；通过树立道德榜样，促使学生向榜样学习；通过组织学生参加主题班会，使学生对真善美的追求形成风气；通过把握教育实践活动的契机，在实践中引导学生正直、勇敢、坚强；通过持之以恒的教育工作，使班级风气积极、正向、稳定。

在班主任的积极塑造下，学生会对品格形成产生积极回应，不断提高自己的思想道德水平，提升自己的人格修为，在班级中形成与人为善、助人为乐的风气。

有了良好的班级风气，班级才有了稳定向上的气质，班级生态才会良性发展，学生才会在这样的班级生态中健康成长。

二、发现学生个性特点，搭建班级自治机制

形成了阳光普照的班级生态，对于高年级学生还远远不够，还要促进这种班级生态形成内部循环，这就需要搭建一套自我管理机制，实现班级自治。

班级自治的前提是班主任要充分了解学生情况，这样才能发挥学生特长，鼓励学生参与到班级管理的过程中来。

著名教育家陶行知先生说："培养教育人和种花木一样，首先要认识花木的特点，区别不同情况给以施肥、浇水和培养教育。"在班级自治机制的搭建上，不同个性、不同特点的学生适合担任不同的职位，这有助于他们在各自的职位上取得参与管理的最大成绩。

班主任通过激励机制，来鼓励学生进行自我管理；通过帮助学生组建和优化小干部队伍，来帮助学生提高自我管理能力与水平；通过鼓励学生集体制定班级公约，来提升每一名学生的班级建设意识；通过带领学生积极参与各项班级、校级活动，来帮助学生寻找和获得归属感、荣誉感、责任感。

在班级自治的过程中，学生找准了自己在班级生活中的定位，提升了参与班级管理的积极性和管理能力，并在班级管理的成效中获得"参政议政"的成

就感。在参与—提升—获得的过程中，班级自治机制搭建起来了，班主任的管理角色弱化，学生自我管理能力凸显，班级生态系统就进入了良性循环。

三、发挥学生爱的力量，把班建成爱的花园

我们常说教育的最基本形式和最高形式，是爱。但我也常反思，教育的最佳结果是什么？我想，也是爱。生活在班级中的每一个孩子，爱自己、爱师长、爱家人、爱国家、爱学习……当班级生态系统中的每一名学生以爱自律，以爱相处，以爱成长，我们可以说，这样的班级是教育行业的理想形式。

处于班级生态系统中的学生，他们最终的发展目标是成为一个真正成熟的人。如果说父母对子女的爱是不求回报的爱，那我们教师的爱恰恰是一种求回报的爱，因为我们肩负着"为国育人才"的教育使命，我们培养的学生必须有回馈之心：回馈家庭、回馈学校、回馈社会、回馈祖国。

什么样的孩子才会爱呢？得到爱的孩子才会爱。因而我们班主任要发自内心地去爱每一个学生，尊重每一个生命个体的不同，珍视他们的优点，鼓励他们发挥自己的专长，以优势部分带动自身的全面发展，真正做到不让一个学生掉队。而得到充分关爱和发展的学生，才会具有成就未来的品格力量：乐观、坚毅、自律、好奇、热情、良好的人际交往能力以及感恩之心。

具有这样优秀品质的学生，就像花儿一样在花园中吸收阳光、吮吸雨露，团结向上，健康成长。花园里，花儿次第开放，各有各的姿态，构成了一幅最美的图景。这不正是我们想打造的班级生态系统吗？

理想的班级生态系统，是一种成长型的班级生态系统，这个生态系统中的每一个学生都被肯定、被欣赏，从而形成积极的人生观、价值观，以及成长型思维方式，他们自我肯定，知道努力的重要性，肯定自己的价值。学生的品格养成和不断成长是一个班级生态系统的源头活水，促进班级生态系统向更健康、稳定、高效的方向发展。

而探索班级生态系统的源头活水，发现学生的品格力量，正是班主任最应该做的，且只有用爱用心才能做得到。班主任要看到学生身上的优点，激发学生对自己的肯定，树立学生对自己的信心，鼓励学生做到更好。一方面促进学生个体以自身成长的部分优势带动整体人格的塑造；一方面在班级生态建设中

做到以个体的成长促进整个班级的成长，整个班级生态系统的优化。

"问渠那得清如许，为有源头活水来。"班级生态系统的宗旨就是一切为了孩子，那就要一切从孩子出发。只有学生潜在的品格力量被发现、被激活，才能真正形成一套完善、自主的班级生态系统，才能真正实现学生在班级生态系统中健康成长。

潜心研发动态资源　打造理想班级生态

刘亚玲

一、理想班级生态的提出

顾城有一首诗叫《门前》，他说："草在结它的种子/风在摇它的叶子/我们站着，不说话/就十分美好。"教育如果真的有这样一种境界，那就真的十分美好。

但是我们的教育为什么没有达到这样的境界呢？是因为我们的理念存在问题。我们首先要分析三个问题：学生为什么会惹乱子？为什么会有问题发生，会有一些人不爱学习？为什么会有学生产生各种各样的心理疾病。对我们班主任来说，面对的基本上就这三个问题，这三个问题如果解决了，教育就十分美好。而理想班级生态的建构，恰恰可以促进教育美好的实现。

什么是班级生态呢？班级生态是指学生、教师等相关个体在一定的班级环境中生存、成长和发展的状态，以及他们之间和他们与班级环境之间相互作用、相互影响的关系。

为什么要提出理想的班级生态？我们现行的班级结构正在被潜伏于基因中的四种心理需要所驱动，它们是归属的需要、力量的需要、自由的需要和快乐的需要。我们之所以思考，之所以实践，就是要找到满足这些需要的办法。当我们的教育真的能满足学生这四种心理需要的时候，我们的教育就在可持续发展的路上与美好愈发近了。

二、理想班级生态打造策略

理想班级生态的打造，需要我们从"心"出发，践行创新。

（一）打造班级生态"硬文化"，树立优秀班风

班级是学生成长的沃土。理想中的"生态型班级"首先应该有一个和谐的

氛围，每个成员都有很强的集体荣誉感。这需要班级管理者创新的管理智慧。为此，我在调查分析班级整体情况的基础上，集结教育力量与资源，多元施策，努力构建有力的班级特色文化，使班级目标通过认知、激情、立志、践行等教育环节，形成统率全班的一面旗帜。

1.特殊超市显威力

我们的教室"会说话"。在侧黑板上张贴着这样一块版图："我得表扬，你得进步。"面对一大群性格迥异的学生，我借用"自选超市"的理念，规定每周评选的进步学生，要从这个"超市"中至少选择一项作为自己的新目标再接再厉。"超市"里有为学生量身定做的各种任务：擦一天黑板、浇一次花、推荐一本好书、改正一个缺点等。"超市"里的任务随着学生的表现不断更新，最早实现新目标的学生，会在每周五的午间读书时光，坐到我的讲椅上给大家分享阅读篇目。和谐共赢，师生同乐！

2.温馨广角有魔力

班集体的每一个小组都会认领一个生活角。图书角成为大家课余餐后阅读的"静心苑"；玩具角是学生互动的"放松港"；卫生角聚焦彼此的服务正能量；科技角展现"你我创新巧思维"。每组都有特色，组间有交流、有竞争。阳光向上的班级氛围就在一个个温馨广角中升腾，其魔力无穷，而我心甚慰！

"随风潜入夜，润物细无声。"优秀班风是教育的心理环境，教师协同学生积极发挥彼此的内驱力，在同化、促进、完善中提升价值观念，向美而行。

（二）打造班级生态"软文化"，培植个体涵养

1.课外阅读伴成长

班级长期开展读书活动。以沈石溪"动物小说系列"体会人与动物的关系，唤起关爱动物、保护生态平衡的意识；以曹文轩"纯情小说系列"丰富情感；以经典名著《西游记》《三国演义》等丰富想象，增长历史知识。亲子阅读、画人物关系图谱、微信圈中讲故事……日积月累，学生感受到书是"甜"的，阅读是有趣的，好书就像暖阳陪伴学生成长。

2.班会队会促发展

研读教育心理学书籍，让我更注意运用日常的主题班会、队会，密切关注学生身心的健康发展。《我的情绪我做主》引导处在青春期萌芽阶段的六年级

学生学习情绪管理、与他人和谐相处；《有益课间 安全你我》引领大家关注课间纪律，不断完善个体言行，保障彼此在校安全；《爱劳动 结硕果》助力学生体悟长辈、他人的辛苦操劳，自食其力参与日常劳动；《红心向党》带领学生再走新时代"长征路"，爱党情怀更深厚……学生的身心在丰富多彩的班队活动中健康发展着，他们精彩，我更快乐！

打造班级特色"软文化"，帮助学生将习得的传统文化精髓、现代文明内涵外化于行、内化于心，师生在相互进步中踏浪前行。

（三）尊重每个禀赋，爱心供给所有学生

"种花要知百花异，育人要懂百人心。"在我心中，每一个学生都是一朵花。作为班主任，我用一双"善于发现的眼睛"、一颗"善于体察的心"，把握每个学生的个性差异，关注所有，真爱满怀。

1.公平让我走近学生

老师的爱是最纯洁的爱。老师应以宽广胸怀面对全体学生，一视同仁地给予每个学生真诚纯洁无私的爱。

小朔是一个有着轻度语言障碍的男孩，父母长期在外务工，姥姥照顾他和弟弟。小朔每天脏兮兮的，同学远离他，他也敌视同学。看到学生间不和谐的因素，我很是着急。为了"不让一个学生掉队"，我没有嫌弃他，而是更加关爱他。我要让他和其他同学一样享受欢乐的校园生活，学知识、学做人。

为此我精心设计了"情暖我心"主题班会。了解了小朔家庭生活的艰辛，许多同学落下了眼泪。我请小朔读自己的信，表达自己在集体中遇到的苦恼，当听到他发自内心的渴望，很多同学低下了头。有的同学自告奋勇担任他的学习顾问，有的主动请战帮他打扫座位周围的卫生……小朔感动了，他那不十分流畅但清晰的话语"谢谢老师，谢谢大家"，不仅温暖了同学，更温暖了集体的未来！

爱的力量是无穷的，真诚的师爱能使优秀的、暂时落后的学生都进入最佳学习状态。"感人心者，莫先乎情。"班主任播撒爱心，用真情的语言、公平的对待，触动感情点，就能产生巨大的感染力，达到与学生情感交融，心理互通。

2.守护让我心系学生

2020年,新冠肺炎疫情袭来。身为教师,我用温情守护每一名学生。每天不辞辛劳地跟踪记录、整理、上报每个学生的体温及活动轨迹;线上教学运用"个别问题私信沟通、集中疑难钉钉直播"的方式保证每个学生的学习质量;面对长期独自居家的学生,"四个一"助力学生"隔空享温情"(专门建立一个独自居家学生群,一天多次微信沟通,隔天一次视频互动,一周一次信息上报);面对线上学习懈怠、居家生活倦乏的情形,召开线上主题班会"倾听成长的声音"。学生们和我在"穿越时空"的守望相助间,不断按下"快进键"。

(四)构建家校合作人文生态,促进和谐共赢

生态文明指导下的可持续发展的教育,是基于人与自然、人与社会、社会与社会之间的和谐共生的发展。对教师来说,除了在学校积极履行自己的教育义务外,更要引导家长配合教育学生,实现教育功能的延伸。工作中我经常与家长通过微信、家访、电话、班级博客、家长沙龙等渠道进行沟通,过程中我体会到家长也有自己的困惑与迷茫。因此,我经常与家长交流分享育儿经验的文章与优秀案例,慢慢地我和他们成为书友,成为共同探讨如何更好地教育孩子的同路人。

1.推己及人,感同身受

每个学期开学我都会买一包纸杯,在班级群里告诉家长:如果孩子忘了带水杯不要着急,我已准备好了纸杯。有的家长被堵在路上不能准时来接,我会打电话告诉他我陪着孩子在教室里写作业,别着急。冬天,为了让学生们多喝水,我买来柠檬片放到他们的水壶里;学生的棉服因呕吐脏了,我把自己的羽绒服披在学生身上。为了纠正特殊孩子的问题,培养良好习惯,我每天通过微信进行沟通指导。点滴小事,爱护悉心,我做到了,我相信家长也感受到了,他们对孩子的事情也因此更加上心,因为他们理解我工作的辛苦,不愿再给我添麻烦。

2.智慧沟通,与家长共成长

常常听到身边的老师抱怨家长不理解、不配合,甚至是质疑,发出"我本将心向明月,奈何明月照沟渠"的叹息。慨叹之余,静心反思:作为班主任,要想与家长进行有效沟通,首先要搞清楚自己的角色定位,我们不是高高在上

的指导者，而是学生成长的引路人，更是家长的好伙伴、知心人。为此，我利用各种契机让更多的家长参与到班级活动中，有时直接请家长走进我的课堂。针对学生向家长反馈问题不够客观的情况，我约请部分家长参加"事实与观点"的主题活动。活动结束后家长有感而发，表示以后有了问题一定会与老师多沟通，要辩证地看待问题。

　　教育既是立足当下，也是面向未来的事业。学校的伟大职责是"立德树人"，班级是实现"立德树人"管理的最小单位，班主任是这个"单位"的引导者和监督者。在学校发现教育理念引领下，作为一名班主任，我认为教育要满足学生的四种心理需要——归属的需要、力量的需要、自由的需要和快乐的需要，在不断创新践行中潜心研发动态资源，给予他们融于"真善美"的成长力量，并且想方设法将这种力量持续下去，如此才能营造一个学校内部的生态教育环境，引领一个个鲜活的生命"向美而生"，绽放异彩。也许真的可以做到"草在结它的种子/风在摇它的叶子/我们站着，不说话/就十分美好。"

推进小学互动式教育　打造教育教学新生态

安丽杰

近年来，随着经济社会不断进步，人们的生活节奏在不断加快，出于工作生活方方面面的压力，加之大多都是独生子女，传统的家庭教育模式发生了很大变化，很多家庭对孩子的教育过多依赖于学校，而忽视了家庭教育的重要性。然而学生的教育是通过学校教育、家庭教育和社会教育三方面来完成的，学校、家庭、社会在教育主体、内容、方式、方法上各有优势，只有在学校、家庭、社会三方面教育力量和谐一致的时候，学生的品德发展才是健康的、积极的。只有充分发挥学校、家庭和社会三方面教育力量各自的优势，才能使学生的教育相互协调、相互配合、相互补充，形成合力，从而产生多渠道、多方位的和谐教育效应，使学生成为学校的好学生、家庭的好孩子、社会的好公民。因此，为提高家长对学生教育的参与度，补齐家庭教育的短板，我们通过开展有效的家校合作，推行小学互动式教育，着力培育教育教学新生态。

一、调动家长积极性，提高活动参与度

在人们以往的观念中，家庭教育和学校教育是各忙各的，两者没有太多的沟通与交流。一些家长认为把孩子送到学校，教育活动应是学校、老师的事情，与家长没有太大的关系。我们要让家长愿意走进学校、主动参与，就要从家长们感兴趣的内容入手，从而调动他们的积极性。这就要求教师了解家长的所需、所盼、所急，有针对性地开展活动。家长都希望自己的孩子懂得感恩，我们就可以开展"感恩父母"主题教育。让学生在活动中体会到父母的不易，感受到浓浓的亲情，从而懂得感恩父母。自理能力差是现今学生普遍存在的问题，由于大多数学生都是独生子女，家长过于溺爱，特别是有老人的家庭，完全包办代替，即便父母知道应该放手让孩子自己去做，却也很难实现自己事情自己做的初衷。教师此时若开展自理主题教育，必然会受到家长的欢迎，开

展活动时家长也会乐于参与，积极配合。再如，受高考改革的影响，如今的家长都很重视孩子的课外阅读，如果学校、班级开展课外阅读活动，哪怕需要家长出资买书，家长也会大力支持。家长对活动的内容感兴趣，参与活动的积极性自然也会提高，对活动的效果也会更加关注。当家长看到自己的孩子通过活动，在行为习惯上有所改变时，就会从被动参与变为主动参与。久而久之，家长的参与度会越来越高，活动效果也会越来越好。

为了调动家长参与活动的积极性，提高家校合作效果，教师要不断和家长沟通，了解学生的动向，发现学生的问题，把具有普遍性的问题集中起来，和家长一起交流、讨论，为开展有针对性的合作教育活动奠定基础。

二、发挥家长优势，挖掘教育资源

教育资源是多途径、多方位的，不仅仅局限于学校。家庭的教育资源也是丰富而巨大的，其实家长本身就是一种教育资源。如何挖掘家长的教育资源是教师需要思考的问题，特别是一些家长的职业或特长可以帮助学校或班级开展一些专题活动。例如，医生家长可以为学生提供卫生保健知识，让学生掌握一些预防疾病的方法，养成良好的卫生习惯；消防员家长可以为学生讲解消防安全知识，提高学生的消防安全意识。家长职业身份带来的专业知识，可以帮助学校教育更全面、更规范，使学校的教育资源更丰富。

无论是学校教育还是家庭教育，都没有一个固定的、成功的模式去照搬，每一位家长都是在育儿的道路上不断摸索、尝试，他们有成功的经验，也有失败的教训，这些都是一种教育资源。教师可以把家长的个人资源变成共享资源。家长会上，教师可以让有着某些成功经验的家长进行交流分享，把自己总结的做法、措施、注意问题等说给全体家长听，让大家从中获取先进的理念、有效的方法，使大家在分享、交流中共同提高。这样的经验分享拉近了教师与家长、家长与家长的距离，促进了家校共育。

三、校内外结合，促学生成长

学校教育是教育生态系统中的一部分，要达到教育最优化，就要校内外结合，充分发挥校内、校外优势。学校教育是教育的主阵地，学生在学校接受各级教学课程的学习，各种能力素养的训练，人格、品德的培养。然而，仅靠学校教育是远远不够的，家庭教育是学校教育的延伸，社会教育是学校教育的补充。学校、家庭和社会三方结合形成合力，才能产生多渠道、多方位和谐整体的教育效应。例如，学生在校内接受爱劳动的教育，教育效果的呈现需要延伸到校外，家长通过家校合作，让学生把劳动的意愿变为实际的行动，家长为学生提供劳动机会，指导劳动方法，监督劳动过程。有了家长的参与，学生的劳动形式更多样，劳动时间更持久，保障了学校教育的效果。校内校外结合，不仅仅局限于对学生的思想教育上，学校的学科教学也可以向校外延伸，例如，在语文课上学习《神奇的塔》一课时，学生从课文中的语言文字里感受到了中央广播电视塔的神奇。课后，如果家长带领学生走进中央广播电视塔，实地去看一看，不仅能让学生加深对课文的理解，还能让学生了解更多的知识，开阔学生的眼界，激发学生对科学的向往。学校教育和家庭教育有着各自的优势，家校合作可以相互弥补、相互补充，可以有效保障教育教学效果，从而促进学生全面发展。

四、大手牵小手，发展更持久

教育的目的是培养学生健全的人格，实现学生自我教育。在小学阶段，学生的思想、意识还不成熟，要培养学生终身学习的能力和可持续发展的意识、观念，教师、家长的言行起着至关重要的作用。作为学校教育要积极引导家长做孩子的榜样，大手拉小手，培养孩子良好的习惯和坚毅的品格。例如，开展家长孩子共读一本书活动，让孩子在家长的带领下寻找书中的奥秘，感受读书的乐趣，养成良好的读书习惯。家长和孩子一起践行垃圾分类、节粮节电的环保活动，让学生在家长的正确引领下，种下持续发展的种子，提高保护环境、节约能源的意识。家长是孩子成长道路上的首任老师，大手拉小手，才能使教育更持久，达到教育的可持续发展。

教育家苏霍姆林斯基曾说："最完备的教育模式是'学校—家庭'教育，学校和家庭是一对教育者。"家庭是孩子成长的温馨港湾，家庭教育是学校教育的基础，是与学校教育互为补充的重要教育途径。学校教育是教育的主体，是核心教育，起着主导作用。只有家校合作，使两者有机结合，才能达到预期的教育效果。

总之，通过互动式教育的推行，可以极大地拉近家长与学校的距离，家长不仅对孩子在校情况更加了解，而且对学校的教育教学工作也更加理解，同时也从根本上扭转了一些社会上关于家校矛盾的不良声音。在推进互动性教育工作过程中，家校都以"一切为了学生"为出发点，从而促进学生的全面健康发展，这也是培育良好教育生态的根本目的所在。

构建生态班级　助力"向日葵花"茁壮成长

滕春颖

班级是学生学习与成长的重要场所，更是师生共同的精神家园。一个具有特色的班集体是一本立体的、多彩的、富有魅力的教科书，它能潜移默化地对学生进行各方面的熏陶、塑造，它是一种无形的约束力，能使学生自觉地约束自己的行为。每一个班级都是一个生态系统，要想使班级保持"生态平衡"，就需要作为班主任的我们努力为班级中的每个生命创设一个健康、积极的生态环境，让每个生命在这样的生态环境中得到充分的发展并在这样的生态环境中茁壮成长。于是，我试图在班级中构建一种生态的有特色的班级文化，为我的"小向日葵花"们的成长提供土壤、阳光和潺潺甘泉。

打开班级管理的大门时有的人也许只看到班主任工作的琐碎，而我却视这些琐碎为一片片向日葵的花瓣，这一片片花瓣汇聚在一起就是一朵朵美丽的向日葵花。我的班级特色文化建设也要从这些向日葵花说起。

这是我们班的班级吉祥物，向日葵花向往着光明，象征着健康、快乐、活力，以及用积极的心态去追求向上的人生。我的学生们就是我的向日葵花，我的生态的有特色的班级文化建设让他们开得鲜艳，有活力。

一、努力形成家校合力为生命的成长提供肥沃的土壤

学生的成长和发展是综合环境下的自我实现，家长是构成综合环境的重要因素。虽然班级生活主要发生在学校教育环境中，但是家长对班级生态的构建和影响是不可忽视的，所以，取得家长的信任，形成教育合力，对于构建生态班级十分重要。因此，每接到一个新班，我都会想方设法取得家长的信任，在我们之间架起信任的桥梁。

对于一个新生家长来说，当他把孩子交到一个陌生人的手中时，心中一定

是忐忑不安的，那么如何消除家长这种忐忑不安，让家长从心中接纳我，并且能在今后的班级管理中与我形成合力呢？这就需要我先走进家长的心里，让家长体会到我是用心爱着他们的孩子。

1. 电子工具是平台

刚刚开学，家长们都担心这些小学生们不能适应，于是班级"微信群"就成了我的主阵地，他们在课间快乐游戏的笑脸，与同学友好交流的身影，得到奖励后美滋滋的样子我都会发到群中。

除了微信群，电子日志也是一道风景线。日志中的每一句话、每一个标点我都细细斟酌。夸奖力求全面，聚焦点力求恰当，而且每次的结束语都会是"一七加油！一起加油！"日志消除了家长的忐忑与不安，换来了满满的感动。

2. 细微之处显真情

冬天流感盛行时，我开展了课间"干杯"活动。学生们对此非常感兴趣，一下课就拿出水杯来"干上一杯"。为了能了解每个学生的喝水情况，我专门制作了一个喝水的展板，完成喝水任务就可以得到一个小水滴。学生们课间"干杯"的照片和喝水的评价表我都会在班级群中分享，这下家长们更加感动与认可我了。

有了这些感动与认可，我与家长也在不知不觉中形成了合力，这成为这些小向日葵花生长中不可或缺的肥沃土壤。

二、班级生态特色文化为生命的成长提供充足的阳光

班级生态特色文化建设为小向日葵花们健康、快乐、有活力的成长提供充足的阳光。

为了增加学生们的班级自豪感和归属感、规范他们的言行，我为班级设计了特色班币，别小看这些彩纸做成的班币，在学生眼中它们可是特别的，因为它们只有一七班才有，学生们感到很自豪。获得班币的过程也是规范言行的过程。班币根据颜色不同细化为五方面：红色表示纪律方面，黄色表示卫生方面，绿色表示积极动脑方面，粉色表示文明礼仪方面，蓝色表示认真书写方面。因为是我班特有的班币，学生们每得到一枚班币都会很兴奋，而且，用班币可以换到令学生们眼馋的手绘的大贝壳。

此外,"记录成长墙"记录着学生们在学校点点滴滴的成长过程,陈校长在这里告诉这些"小豆包"们:书是甜的。

为了让班级特色形成体系,我还设计了自己班的喜报和十二荣誉系列卡片。喜报中有校训、有想让学生们明白的道理,还有一颗象征着光明的小太阳。

十二荣誉系列卡片正面是关键词,分三方面。自身提升方面:独立、自省、执着、创新;道德方面:勤劳、刻苦、宽容、坚强;品质方面:文明、谦虚、欣赏、互助。背面是配合学校少先大队开展的"飞花令"活动的带"春"的十二首古诗。喜报和卡片一拿到班中一下子就吸引住了学生们的眼球,在日常学习的过程中学生们都力求用积极的表现赢得它们。

五色班币、特色喜报、荣誉卡片——让班级团队中的每一个学生在赢得它们的过程中凝聚、融合、发展,让他们在这样的生态特色文化下、在进步和成长的过程中获得幸福感,我相信我的向日葵花们会在这样的灿烂阳光下茁壮成长。

三、好习惯的培养为生命的发展提供潺潺甘泉

一个好的生态班级的构建要关注生命的发展,因为班级管理是以人为支撑的,而学生是具有活力的生命体,是教育的起点和归宿。我认为一个人在生活、学习、思维等方面拥有好习惯,会让他的人生发展更加精彩。每接到一个新的班级我首先要培养学生两个好习惯。

1. "写"出人生美好

字写得如何往往反映出一个人的学识、性格、气质、风度等,是一个人素养的体现,所以把字写好很重要。在每一次新生入学的家长会上我都会和家长们交流我的这种想法,还会向他们展示原来学生写的作业以及一些书法作品,并提出我对新学生的期盼。在接下来的日子里,我会经常在班级群中晒出优秀作业,并且鼓励写不好的学生,也会用比赛等形式激发学生们的书写热情,让每个学生都能写出一手漂亮的字。

2. "读"出人生宽度

很喜欢这句话：阅读不能改变人生的长度，但可以改变人生的宽度。阅读不能改变人生的起点，但可以改变人生的终点。由此可见阅读的重要性。我的班级中会有自己的小书柜，每天中午是班级的快乐阅读时间，学生们在书的海洋中遨游，午自习时总能看到学生们认真阅读的身影。我想，良好的阅读习惯一定会帮学生改变人生的宽度。

我坚信好的习惯会像甘泉一样浸润孩子们的心田，让他们的人生更加美好。

做班主任已经十七个春秋，带过了二三百名学生，我视每个学生为一棵小小的向日葵花，我在努力地用自己的力量构建出具有时代气息的班级生态环境，在这一过程中让每个学生都能不断地塑造自我、实现自我，就像一朵朵小向日葵花一样在阳光雨露的滋润下茁壮成长。最后，把这段话送给所有的老师。

当老师的你，生命中会遇到很多个学生，每一个学生对你而言，只不过是众多学生中的一个。然而，对于学生来说，你却是他生命中遇到的有限的老师，你将是开启他万千世界的人。若爱，请深爱；若教，请全力以赴。

第四部分
北京市通州区潞苑小学篇

北京市通州区潞苑小学成立于2017年5月24日，地处北京城市副中心北部，占地面积19947平方米，总建筑面积15958平方米。

目前学校有4个年级共26个教学班，1182名学生，86名教师。未来两年，学校将达到40个教学班、100余名教师、2000余名学生的办学规模。

建校四年来，学校始终坚持走文化引领、内涵发展道路。在"办有根基的教育，育有品质的学生"的文化理念引领下，确立了"让上学成为孩子最期待的事儿"的办学目标、"让每一棵小树茁壮成长"的育人目标和"树有根、人有品"的校训精神。学校的社会影响力也在逐年提升，先后通过了北京市义务教育学校标准验收，获得通州区平安校园、北京市文明校园、首都文明校园等荣誉称号。

教育生态学视域下课堂教学质量提升路径探究

刘会民　康英娜

教育生态学，最早由吴鼎福教授从国外介绍引入，是研究教育与社会、精神、自然等生态环境整体之间相互关系的科学。[①]从教育生态学的视域来看，课堂是由教师、学生、教学内容、教学媒体、教学环境等生态因子所构成的微观生态系统。其中，学生是教育生态的主体，教师是主导因素，教学内容是教师和学生之间的生态链接，教学媒体是传播媒介，教学环境是教育生态系统的土壤，它们彼此进行着信息传递、物质循环，促使课堂高效运转，推动课堂教学质量的提升。

一、促进教师专业发展，提升课堂指导力

1. 分层培养，提高教学能力

教育生态学强调生态因子的阶段成长，遵循生物节律。学校可根据教师入职时间和实际发展状况，制定各阶段教师的专属培养方案。对在适应期的教师（入职3年以内）采取岗前常规培训、老教师"传、帮、带"等方式，帮助其尽快适应课堂教学节奏和要求；对在发展期（教龄3~8年）的教师，通过校内外教研培训、听评课指导、适度参与教科研项目研究，促使其逐步具备课堂教学的把控能力；支持成熟期（教龄在8年以上）的教师积极开展教育教学研究与教学创新，在促进教师专业发展的基础上，进一步提高教师队伍的专业化水平。

2. 团队合作，助力教学升级

教育生态学中的边缘效应是指由于某些生态因子或系统属性的差异和协合

[①] 吴鼎福. 教育生态学刍议 [J]. 南京师范大学学报：社会科学版，1988 (03)：33-36+7.

作用而引起教育生态系统中某些组分及行为发生较大变化的现象。[①]学校通过组织校本主题教研和联合大教研，助力教师教学能力的提升，以教学中出现的棘手问题、热点问题为研究专题，由学科教研组长定期组织主题教研，或者由主管主任组织，以同一学段跨学科或同一学科跨年级教研为主要形式进行联合大教研，做到前期有策划、有研讨主题、有现场课例、有观课记录、有研讨分享，达到及时解决教师教学中的实际问题、提高课堂教学质量的目的。

3.专家引领，加快成长步伐

学校积极开展"全学科教师教学能力与科研素养提升"等多项研究工作，通过邀请专家和名师走近教师、走进课堂，对教师实施跟进式培训，全方位、多角度提高教师的教育教学能力。此外，鼓励教师积极参加各级培训，坚持分批带领教师参与区级以上各类教学观摩活动，让教师及时捕捉先进的教育教学理念与信息，学习不同地区优秀教师的教育教学经验和实践成果，加快教师成长步伐。

二、尊重学生生命发展，打造品质课堂

1.尊重学生差异，做到因材施教

任何物种在生物群落中都占据特定的位置，扮演着特定的角色。在课堂这个微观生态系统中，每一个学生都占据着各自不同的"生态位"，教师要尊重学生的差异性，关注每一个学生，了解学生的知识基础、思维方式及兴趣爱好等，发掘他们的闪光点，使每个学生都能得到最大程度的提高。此外，在教学过程中，教师还应根据学生的特点采取合适的教学策略，因材施教，充分促进学生的发展。

2.倡导合作共生，创建和谐课堂

在生态系统中，为使生态因子达到最佳平衡状态，因子之间的相互协作必不可少。在教学过程中，教师与学生要树立学习共同体意识，平等交流，积极互动。教师可以组织学生以异质小组为单位进行合作学习，相互监督，相互鼓励，彼此耐心倾听，学会表达。在合作过程中学生的思维发生碰撞，擦出知识

---

① 吴晗清，孙目.生态学视域下"生态课堂"的构建[J].教育理论与实践,2017,37（02）:3-6.

的火花，师生共同发展，共同提高，共同创建和谐高质量课堂。

3.发挥主体意识，营造开放课堂

在教育生态系统中，若学校教育过于封闭或教师管理过于苛刻，则会使学生在发展中产生"花盆效应"，缺乏独立性，对环境的适应能力和个体的生存能力也会随之弱化。因此，在课堂教学中，教师可通过情境创设，增强课堂趣味性，激发学生的学习内驱力，引导学生动嘴、动手、动脑，让学生在课堂上充分参与、充分表达，调动学生较高水平的思维参与。此外，教师要给学生留有更多独立思考的时间和空间，引导学生自主探究，充分发挥学生的主体意识，营造开放性课堂。

三、优化教学环境，实行动态多元评价

1.创造丰富的课堂生活

核心素养强调培养学生的社会参与意识和能力。因此，教师要在兼顾学科逻辑的同时更多地关注生活逻辑，注重联系学生生活实际创造丰富的课堂生活；从学生感兴趣的实情、实物、实事入手，创设生动有趣的课堂情境，选取生活案例，设计生活问题，让学生在生活化的情境中去感受、去体验、去实践，从而在发现问题、解决问题中体验到知识的价值和意义，激发学生自主学习和积极探索的欲望，把所学知识应用到解决实际问题中去。其次，课堂教学不仅要在内容上反映生活，更要关注学生在课堂上的实际获得。[1]教师要改变课堂教学中常见的以书本为中心的现象，研究如何开发课堂教学的生命潜力，挖掘课堂教学的育人价值，提升学生的情感认知，增强学生的意志力。

2.营造生态化教学环境

开放和谐的教学环境有助于激发各种生态因子的相互作用，从而有利于维持教学生态系统的动态平衡。首先，建设生态化网络环境。学校要自主开发创建集教学研究、互动交流为一体的教学管理平台，通过网络技术实现学校平台与其他数字平台（图书馆平台、广播平台等）的有效衔接，进一步扩大课堂教学环境。其次，建设生态化文化环境。教师和学生可根据自己的班级特色对教

---

[1] 徐文华.生态课堂的内涵及多维解读[J].吉林省教育学院学报，2021，37（03）：24-27.

室、走廊进行装饰设计，将其打造成学生展示学习成果的平台、分享诗词画作的天地，让每一面墙都会"说话"。最后，建设生态化精神环境。教师要搭建好与学生的情感桥梁，通过关心学生身心健康，及时给予鼓励与帮助等拉近师生间的情感距离。师生应就教学中的各种问题进行积极探讨、平等交流，从而构建起民主、平等、文明、和谐的师生关系。

3.实行动态多元评价制度

教学评价是对教学质量的反馈和监控，对教学工作的开展具有重要的导向作用。学生是发展中的人，始终处于波浪式前进、螺旋式上升的动态成长过程中。终结性的评价在很大程度上不能全面反映学生的学习成果和成长轨迹，必须以联系和发展的观点看待学生的变化。因此，对学生应适当采取动态生成性评价方式，既要重视学生的长期发展，也要关注学生的阶段性成长，及时纠正学生的缺点，善于发现学生的闪光点，提高学生的自我效能感，将形成性评价贯穿教学过程始终。在评价内容上，要关注学生的认知、情感、行为、态度、价值观等多方面的综合发展；在评价工具上，采用问卷、量表、观察、访谈、记录学习档案等多重手段，使对学生的评价更为真实、客观、可持续；在评价主体上，结合学生自评、同学互评、教师评价和家长反馈等方式，拓宽评价的主体范围，提升评价质量。[①]

在教育生态学理论的指导下，学校积极实行学科教学改革，通过对影响课堂教学质量的各生态因子实施优化策略，使教师、学生、教学环境等因子和谐共生，从而打造动态平衡的高质量课堂。这不仅顺应了新时代教育高质量发展的现有趋势，更有利于全面提升课堂教学质量，更好地促进学生可持续发展。

---

① 吴天慧.教育生态学视阈下的翻转课堂模式构建［J］.河北软件职业技术学院学报，2021，23（02）：40-44.

教育生态视阈下的习惯养成校本课程实施路径初探

高春秀

2021年4月,《教育部关于大力推进幼儿园与小学科学衔接的指导意见》明确指出,要"遵循儿童身心发展规律和教育规律,建立幼儿园与小学科学衔接的长效机制",要"关注儿童发展的可持续性,培养有益于儿童终身发展的习惯",要"全面推进入学适应教育,减缓衔接坡度"。

生态作为一个环境的概念,逐渐被社会科学广泛引用,并逐渐渗透到教育研究领域。教育生态从简单借用生态学概念到消化、吸收、发展,逐渐形成了学科雏形,开始能够以教育生态学自身的概念和方法与传统教育学初步结合,为中小学课堂教学提供新的教育学研究视角和学术工具。本文尝试从教育生态的视角,探索入学适应期学生的习惯养成教育,并以校本课程的形式进行了具体的研究和探索,初步厘清了培养路径。

一、行为训练,有序养成

第一步:行为指导阶段。通过详细步骤对学生进行指导训练。"习惯养成"校本课程将低年级学生良好行为习惯的养成教育细化至日常生活中的每一件小事,甚至每一个细节里。根据学生年龄特点,教师对学生提出具体明确的要求和直观形象的演示,每件小事都讲透要求、讲明怎样做和这样做的原因。比如培养学生正确的写字姿势,传统的培养方法是"一尺一拳和一寸",其实,一年级的孩子对尺、寸等计量单位并没有什么概念,并不知道所对应的正确距离是多少,即使知道正确距离,也不能保证时刻提醒自己做到。那么怎样培养呢?我们的老师是智慧的,方法也是十分巧妙的,写字时让学生将橡皮放在头顶,只有坚持正确姿势,橡皮才不会掉下来,学生这样坚持几天,习惯就慢慢养成了。

第二步:行为强化阶段。教育生态学指出:教育节律客观存在,预习、听课、复习是一种教育节律，单元考、期中考、期末考、升级考、毕业考也是教育节律。那么习惯养成教育也要遵循教育节律。通过各种手段，对学生的良好行为进行强化，使其自觉发生的频率逐渐增多。如在培养"右行礼让"习惯时，我们在楼道开设学生交通体验场，画有斑马线、黄虚线等交通标记。老师进行详细讲解，并带领学生反复练习。学生每天经过楼道，看到这些标记，就会有意识地自觉靠右行走，走到班级前面时，通过斑马线再进入班级。交通安全体验场使安全教育、文明教育在潜移默化中得以渗透。

教育者和被教育者都是人，人有各种生理节律，如果教育节律不与人的生理节律相适应，就会造成生物钟混乱，教育将收不到预期效果。按照教育节律的正常运转机制安排教育、教学活动，有利于教育、教学质量的提高，促进学生全面发展。

第三步：自主管理阶段。教育生态学基本原理中有"花盆效应"，指的是一个半人工、半自然的小生态环境。首先，它在空间上有很大的局限性；其次，由于人为地创造出非常适宜的环境条件，在一段时间内作物和花卉都可以长得很好，一旦离开人的精心照料，会经不起温度的变化，更经不起风吹雨打。在教育生态学中，花盆效应表现得尤为明显，教师管理得过于到位，就会使学生成长过程中产生花盆效应。因此，我们尊重学生个性，引导学生"自身修养""自我管理""自我调控"，将培养重点放在学生的自主管理能力及相互监督机制的建立上，让学生自行去争取成长所需要的养料，让他们尽量摆脱安逸的小花盆，去适应复杂的大环境，顺利应对人生中面临的诸多困境。

二、学科渗透，全员养成

"牵一发，动全身"。一种生态行为的产生受到全局性的多因素影响，这都是整体效应的体现。学生良好习惯的养成，不只是班主任的事，也不只是各学科老师的事，而是全体教师的事，只有各学科共同努力，在每一节课堂教学中进行有机渗透，利用好校本课程素材，结合学科特点进行明理导行教育，才能收到最佳效果。比如，学校要求各学科教师都按照《课堂教学常规习惯培养细则》中的要求对学生进行培养，《习惯养成小口诀》教师都要会背诵，各个学科的要求完全一样，这样就会有统一的标准，学生也容易接受。

三、校园环境，文化养成

教育的生态环境是以教育为中心，对教育的产生、存在和发展起制约和调控作用的多元环境体系。依托学校改建工程和校园文化建设工程，从尊重学生的自然天性出发，我们建设灵动自然的生态校园环境，实现环境与学生充分互动共生，让学校环境成为一种潜移默化的教育力量，使学生目染之，潜移之，默化之。校园的每个角落都被精心布置过，楼道内、教室内，每面墙壁都会"说话"，学生置身窗明几净、教室走廊发光见影的整洁环境中自然不会随地乱吐、信手乱扔；学生见到整齐的摆放、美好的布置，自然不会乱刻乱画、乱涂乱抹。健康向上的校园文化为学生成长提供养料，使学生举目所及、举足所进的不仅是艺术的圣地、知识的殿堂，还是养成教育的大课堂，直接影响着学生行为习惯的养成。

四、树优促差，榜样养成

低龄学生以具体、形象的思维为主，他们善于通过模仿习得行为。学校将在各类习惯养成活动中选出的优秀学生的良好习惯拍成微视频，通过学校信息发布系统在各班电子屏滚动播放；评选"习惯小标兵"，将照片在校园文化墙展览、事迹在校园广播站宣传，让全体学生通过观察榜样的形象、直观的示范行为，明白良好行为的具体要求，感受榜样的魅力，以榜样熏陶习惯的养成。另一方面，对个别顽劣的学生、顽固的不良习惯，我们也适当采取批评措施，增强学生的受挫能力及心理平衡能力。"习惯养成"校本课程把"赏识激励"与"挫折惩罚"相结合，有的放矢，因材施教。

五、家校互动，合作养成

生态学按照研究对象分为四个层次：个体生态、种群生态、群落生态和生态系统生态。在教育生态学中，人们把种群生态和群落生态结合为群体生态。家庭的社会环境和规范环境对教育的关系反映出明显的个体生态特征，有利的小生态环境可以促成个体的超常发挥，不利的小生态环境可能造成相反的结果。学生良好行为习惯的养成，不仅要靠学校常抓不懈，更需要良好的家庭教育配合。我们在开学初就为每个学生建立了家长联系本，用于记录学生在学校的行为表现，并利用班级微信群等网络形式与家长沟通交流习惯养成教育的方法，有效更及时地与家长建立联系，形成家校合力，指导家长在家中配合学校，进行良好行为习惯的养成教育，并定期交流阶段成果及教育心得，通过家校合力共同推进学生养成良好的行为习惯。

每一个学生就像一粒粒不同的种子，有各自的萌芽和成长时机，我们所要给予的就是适当的阳光、雨露，相信所有的种子最后都会发芽、结果。我们要遵循教育规律，遵循和保护学生具有的自然天性，形成可持续发展的能力，使学生的身心自由而全面发展，保持个性的健康成长，使我们的教育呈现生态发展态势。

教育生态视角下党支部引领学校建设与发展

杨效培

教育生态理论是以教育为研究对象，从生态学的角度，采用生态学的方法来剖析教育的内部、外部系统，从而分析教育的生态功能并揭示教育生态基本规律的理论。教育的良性循环是教育生态理论的重要组成部分。在党支部引领学校发展工作中，应运用教育生态理论，依托"三化·三引领机制"，创新党组织活动内容和形式，带领全体党员、干部和教师全身心投入到学校建设与发展中。

一、教育生态视角下"三化"夯实党建基础

1.组织建设生态规范化

按照建党的组织机构要求，潞苑小学党支部选举产生支部委员会，做好新党员的发展工作和预备党员的转正工作，吸收入党积极分子，并成立了教工团组织。建立支部书记每双周接待群众制度、党政领导班子联系教研组制度，完善了18项党建制度，发挥党员先锋模范作用。严格落实"三会一课"制度，开展"不忘初心牢记使命"主题教育、党史学习教育活动，每年召开支委会不少于12次、全体党员活动不少于15次、书记党员讲党课不少于10次。建立和完善党内监督制约机制，强化党员党性修养，筑牢全体党员拒腐防变的思想防线。

2.学习教育生态常态化

潞苑小学党支部制订操作性强的学习计划，规定学习内容：上级党组织规定的《党章》、十九大精神、学习强国APP上的内容，也有学校推荐的《长征》《习近平在正定》等书籍，更有党支部摘编的《潞苑小学党员干部教师应知应会党的知识汇编》。既有政治理论学习，又有教育教学培训，做到理论与实践齐头并进，思想素质与业务水平双提高。为了提高学习效果，党支部还通过微党课、潞苑讲坛、读书征文等活动，及时展示交流学习成果。

3.支部活动生态特色化

教育生态学中的遗传分析视角是指"按照事物的'基因'自身所固有的逻辑和法则去认识、整理各教育现象和问题",变异分析视角则是"按照适应变化、发展求新的观点或标准,去认识、整理和评价各种教育现象和问题"。这一对分析视角要求党支部在引领学校发展时进行创新。

学校党支部从"夯实党建根基"和"提升党建品质"两大方面建设"根品党建"品牌,努力探索学校党建工作的新方法,开展了"一·三·五"主题特色活动。

"一"是坚持每季度给党员过一次政治生日,重温党组织的培养历程,牢记育人使命。

"三"是亮身份、亮承诺、亮职责。亮身份:通过摆放党员标志牌及佩戴党徽,亮明党员身份;亮承诺:每名党员在党员标志牌上做出公开承诺,接受群众监督;亮职责:用"五个带头"(带头读书学习、带头上好每一节常态课、带头参加教研组活动、带头落实全员育人、带头落实学校各项工作要求)将党员职责向群众公布,明确职责,更好地为群众服务。

"五"是开展"五个一"活动,即"开放一次课堂、读一本红色书籍、讲一次微党课、关注一个特殊学生、帮助一个群众",提高党员理论、业务水平,激发工作热情,增强服务群众的意识。

二、教育生态视角下"三引领"促进学校发展

根据生态系统的定义,生态系统各部分的结构与功能是处于不断地相互适应与相对稳定的动态之中,各因子、各要素之间时刻关联,相互调适。这种生态平衡是动态的,总是由平衡到不平衡再到新平衡的发展,是一种进化的生态平衡。即生态系统不仅处于其他社会子系统的联系之中,其自身内部各子系统也处于彼此联系之中,而且这种联系是动态发展的。只有学校发展规划、学校中心工作、两支队伍建设等各因子之间都是时刻关联并且平衡的,才能确保整个学校发展系统的平衡。

1.党支部引领学校发展规划

党支部积极引领学校,以文化统领学校发展规划,提出了学校发展的"三

步走"战略,为学校科学发展奠定了坚实基础。

一是建校之初,结合党对教育改革的新要求,初步明确了文化理念体系。办学理念:办有根基的教育,育有品质的学生;办学目标:让上学成为孩子最期待的事儿;校训:树有根,人有品。

二是结合学校实际,确立了"边办学边改造"的办学策略。在2017年暑期局部改造的基础上,2018年启动了全面改造工程。在保证正常教育教学秩序和学生安全的基础上,全体党员干部、教师同心协力,克服重重困难,经历了校内四次搬家的历程,一所全新的潞苑小学呈现在大家面前。

三是学校内涵发展道路的全面开启。2019年初党支部启动了三年规划的制定工作,经过"全面调研、初步撰写、反复研磨、听取意见"等阶段,于2019年11月,召开"《通州区潞苑小学发展三年规划》启动大会",开启了全面推进教育改革、促进内涵发展的新阶段。

2.党支部引领学校中心工作

在党支部的正确领导下,学校在构建理念体系的基础上,逐步发展具有鲜明特色和丰富内涵的实践体系。把党建元素融入学生活动、校园文化建设、课堂教学等工作中,实现党建工作与教育教学工作互融共进、协调发展。

学校定期召开支委会,全面规划部署学校教育教学工作,初步形成了学校、家庭和社会三结合育人模式。坚持开展以经、礼、乐为主要内容,以德育常规、社会实践、中华传统节日为主要载体的传统文化教育活动,培养有中华基因的潞苑学子;结合中国共产党成立纪念日和中华人民共和国成立纪念日,积极开展唱歌比赛、朗诵比赛、我和祖国合个影等主题教育活动,培养有浓厚爱国情怀的潞苑学子;开设京剧、民族鼓、网球、羽毛球等具有学校品牌意义的学生社团,构建"入学适应期习惯养成""幼小衔接入学季""中华传统文化"等特色校本课程;全面建设"楼道交通体验场""我行我秀小舞台""校园十万个为什么学习区"等我校独有的教育性、互动式的校园环境;在此基础上启动爱国小卫士、习惯小标兵、学习小院士等十项内容的潞苑品质少年评选活动,培养有品质的潞苑学子,让学校文化理念落地生根。

3.党支部引领两支队伍建设

教育生态学的共生分析视角是指"按照事物间相互依存、积极合作的关系之预设去认识、整理和看待教育活动和现象"。共生分析视角下的党支部引领干部队伍、教师队伍建设，使其共生共长，共同塑造厚德博学、海涵地负的潞苑杞梓之师。

党支部把抓好干部队伍建设作为重点工作，提出了干部要努力践行五种意识，即政治意识、标准意识、全局意识、规划意识和榜样意识，锤炼出一支作风优良、管理有方的干部队伍。建校以来，经过严格考核和支委会提名，推荐2位干部加入党组织，推荐3位优秀教师走上学校管理岗位；通过每周一次的校务会学习、外出培训、各种活动组织与反思等不断提高干部领导力和执行力。

党支部把抓好教师队伍建设作为核心工作，提出了教师要践行六种意识，即团队意识、规则意识、发展意识、奉献意识、服务意识、师表意识，打造一支师德高尚、业务精良的教师队伍。通过专家引领、教学培训、课堂研磨等活动，促进教师专业发展；创新"联合大教研"校本教研形式，有效提升了教师的专业化水平；积极引进外部资源，牵头北京市教委"春雨计划""新建校教师队伍教学能力与科研素养提升"等项目研究工作，深化项目理念。

以生态学的思想系统地分析党支部引领新建校建设与发展的各要素及要素间的关系，体现的是一种全面、整体、和谐的理念。把党支部引领新建校建设与发展过程看作一个整体的、开放的生态系统，分析其内部生态因子及内外环境因子，促使其内部因素和系统内外环境的均衡发展。

在教育生态下，潞苑小学"三化·三引领机制"党建工作，极大提升了我校党支部的执行力，让基层的战斗堡垒更加坚固。潞苑小学党支部将继续带领学校，以创先争优为契机，以群众满意为标准，以服务教师、学生、家长为己任，为城市副中心教育事业的快速发展贡献一份力量。

教育生态视域下小学校本教研实践初探

范华佳

教育生态学一词是由教育专家罗伦斯于20世纪70年代首次提出的。教育生态学是教育学与生态学的交叉学科，它引用生态学的基本观点和方法研究教育问题，通过研究教育与周围环境的关系，分析教育问题出现的成因，揭示教育规律，旨在指导教育实践活动。

从教育生态学的视域来看，教学是由教师、学生、教学内容、教学媒体、教学环境等生态因子所构成的微观生态系统，教师是其中的主导因素。教师作为教育生态系统中的重要因子，与系统中的其他因子无时无刻不发生着这样或那样的联系与作用。因此，为了切实提高学校教育教学质量，更好地依托自身资源优势和特色，深入开展教育教学研究，推进校级教研活动制度化、规范化、创新化发展，学校紧紧围绕"自由、善思、乐学、创生"的课堂文化创建目标，通过打造"整体备课+主题教研+课堂展示+跟进培训"的精品项目模式，多措并举，提升学校校本教研水平，提高青年教师教学能力。

一、开展单元整体备课，加强青年教师培养

学习能力是教育生态学系统的重要生态因子。对教师而言，最重要的学习能力就是钻研透教材和把握准教材。教师只有把教材吃透了才能灵活变通教学方式，才能用最少的时间给学生以最大的收获，才能提高课堂效率。为此，开学初，在区级教材培训的基础上，我校教研组分单元进行二次教材培训。组内培训由有经验的教师主动承担，重点分析单元教学重难点如何落实到每课，旨在帮助教师有条理地梳理教材，明确单元教学重难点，抓好每课训练点。

自我反思能力在教育生态学系统中也占有重要地位，是对教师职业行为实践和经验进行的总结、反省和自我检讨、分析、判断，是教师在成长发展中进行知识学习、教学实践和行为反思三个紧密相连环节中的重要一环。因此，我

们要求教师在每个单元教学结束后写出教学反思，捕捉教学中最深刻、最难忘的亮点或反思不足。反思内容在下次组内活动时交流，并对教学中出现的问题开展进一步的讨论，寻找解决办法，为进一步提高单元整体备课质量和课堂教学水平打下基础，也让青年教师在老教师的"传、帮、带"中尽快适应教育教学要求，提升学科教学能力。

二、有的放矢开展主题教研，提升课堂教学水平

合作作为教育生态系统中的重要因子，对教师个体健康成长和群体作用发挥具有重要作用。因此，在校本教研中应积极倡导合作学习，引导教师开展主题教研、联合研讨等多种形式和内容的互利合作教学活动。如学校针对仅有低中两个年段的实际，分学段、有梯度地开展专题校本教研，落实新教材重点，突破难点，让教师对整个年段的知识体系有相对连贯完整的认识。

结合教材特点和学生实际，各学科设计教研主题。语文学科确定了低年级段关于学生朗读指导的专题校本研究，分别是一年级的"如何有效指导学生正确朗读课文的研究"和二年级的"指导学生流利有语气朗读课文的策略研究"；中年级段关于段落指导方面的专题校本研究，分别是三年级的"跟着课文学段落概括"和四年级的"跟着课文学篇章概括"。数学学科低年级段的校本教研主题是"如何提高学生计算能力"，中年级段是"利用数形结合思想提高学生解决问题的能力"。英语学科的校本教研主题是"深度挖掘文本信息，提高会话教学实效"。

确定校本教研主题后，各学科组按照计划开展教研，并组织开展跨年级联合大教研活动，聚焦教学中遇到的问题，激活教师主动学习的欲望，鼓励教师主动学习，使各年级段融合教研，总结规律，形成知识网。如在语文中年级段关于段落指导的校本研究中，教师们就结合课文总结出了根据重点词句来概括段落大意的方法，以及关注段式结构来概括段落大意的方法。在英语学科的校本教研中，通过课例研讨的方式，教师们充分分析、总结教材中每单元的文本信息，创造性使用教材，通过单元整合的方式，创设多样的活动和游戏情境进行对话教学，鼓励听说先行，让学生循序渐进地学习语言，切实提高课堂会话教学实效。

这样的校本教研，既落实了新教材的教学重点，突破了教学难点，又让教师们在一次次研讨中对整个年段的知识体系有了一个相对连贯完整的认识，从而大大提高了课堂教学水平。

三、创新课堂展示形式，掌握课堂教学方法

针对我校年轻教师多，入职不满3年教师多的师资现状，学校组织开展了多种形式的课堂展示活动，助力青年教师快速成长。

如组织各教研组开展了组内示范课活动。每个单元都由组内有经验的、教学水平高的教师如教学主任、教研组长、骨干教师等做单元起始示范课，按课型展示重难点处理、活动问题设计等内容，通过示范引领，帮助青年教师快速掌握各种不同课型上课的要点和方法。

又如我们开展了师徒同上一节课活动，通过课前师徒共同备课、试讲磨课，课后师傅评课、师徒共同反馈交流的形式，充分发挥师徒结对的优势，帮助青年教师快速掌握各种课堂教学方法，全面适应岗位，快速成长。

四、抓好专业培训项目，切实保证教学质量

"花盆效应"是教育生态学中一个重要的理论，即生态学上的局部生境效应。花盆是一个半人工半自然的小生境，或微栖所。它在空间上有很大的局限性，由于人为地创造出非常适宜的环境条件，人工控制湿度和温度，在一段时期内，作物和花卉可以长得很好。但是，它们对生态因子的适应阈值下降，生态幅变窄，生态位下降，一旦离开人的精心照料，就会枯萎甚至死亡。换句话说就是生存空间变窄，环境适应能力和竞争力下降，个体功能减退。

为了避免学校变成阻碍教师发展的"花盆"，我们把提升教师专业素养作为我校队伍建设的重要工作。首先，我们充分发挥学校资源丰富的优势，积极开展"学科教师教学能力与科研素养提升""高效阅读""基于深度学习的小学数学教学行动研究"等多种项目研究工作，通过邀请专家和名师走近教师、走进课堂，对教师实施跟进式培训，全方位、多角度提高教师教育教学能力。其次，大力支持教师积极参与各级培训，坚持分批带领教师参与区级以上各类教学观摩活动，让教师及时捕捉先进的教育理念与信息，学习不同地区优秀教师

的教育教学经验和实践成果，达成取他山之石，琢我之玉的目的。

通过扎实开展学科教师团队建设，探索具有实践意义的学科教学专题，充分发挥校本教研的作用，我校教师的专业水平得到不同程度的提高，学科教学质量也在平稳中提升。近两年我校教师做市区级展示课、评优课100余节，市区级论文发表、获奖共计200余篇。

随着学科教师团队的不断壮大，我校在教师培训、校本教研、课堂教学改革等方面任重道远。今后，我们要在教育生态理论的指导下继续坚持和探索校本教研的有效做法，为不断提高青年教师的教学水平而努力，助力我校青年教师快速成长，推动学校教学质量不断提升。

教育生态视野下小学数学教师专业成长初探

贾晓辉

教育生态学认为教育是一个复杂的、有机的，且统一的一个整体过程，在这个整体过程中，每个因素既是紧密相关的，又有着一种平衡与失衡、矛盾与统一的状态呈现。与此同时，教育生态学强调持续发展观理念，能够为教师的专业发展提供一个动态化和整体化兼备的视角参考。我校数学教师是一个全新的、年轻的群体，在教师专业成长的过程中存在着诸多问题。因此，以教育生态学视角，探究我校数学教师专业成长中的困惑，以及应对困惑的策略，不管是对教师的专业成长，还是对教育教学效果提升和更好地落实新课程理念来说都具有重要意义。为此，我校确定了"以校为本、以师为本、以学生为本"的指导思想，以科研教研为先导，以具体问题为研究对象，以课堂教学为主渠道，以课题为载体，以提高教师专业化素质为方向，以培养潜力、发展个性为目标的工作思路，推进我校有特色的校本教研工作，使教师教学水平有所提高。根据上面的指导思想和工作思路我校确立了"以学生为本，聚焦实际获得"的教研主题，创新校本教研形式，指导教师优化教学设计，转变教与学的方式，培养学生的核心素养。我校目前只有1~4年级，作为主抓数学教学的副主任，我根据本组教师的实际情况确立了我们组的研究主题——聚焦教师实际需要，开展有效校本教研。

一、研究主题提出的背景

校本教研是把教师作为研究的主体，要求教师具有主动思考、探究的意识，要求培养教师的研究潜力，使教师在研究中实现自己的价值，从而实现专业水平的迅速提升。数学组35岁以上教师有3名，区骨干2名，区级青年骨干1名，校骨干1名，他们能够准确把握教学内容、重点、难点，有效组织课堂教学，很好地完成教学任务，班级成绩很好。这几位老师教学理念比较新，课堂教学能够准确地体现当前的教育理念，同时能指导青年教师的课堂教学，是数学组的中坚力量，但接受新的教育理念的过程比较长。35岁以下教师7名，他们能够理解每节课的教学重难点，但是在完成教学任务，有效把握课堂，创设师生互动、生生活动的情境，对学生进行准确的评价方面都有待提高。同时，这些教师读书比较少，在备课、评课时缺少理论支撑。开学初，我对我组的14位教师做了关于自己职业发展需求的问卷调查，综合14位教师的调查结果总结出以下三方面的需求：

（1）需要理论学习和专家的引领。

（2）35岁以上教师渴望通过各种形式的公开课磨炼自己，提高课堂的执行力。

（3）青年教师希望得到更多的指导，提高教学质量。

二、实施的过程与方法

（一）创造读书氛围，成为学习型教师

1.提供资源，为教师读书创造条件

我校为了方便教师读书，一年来多次为教师购买教育教学书籍。2018年寒假，学校为每位教师购买了3本针对自己学科教学的书籍，比如数学组就精选了吴正宪、华应龙、李烈等数学教育名家的著作供教师阅读。2019年开学初，学校又让每个教研组去书店选取自己喜欢的图书（小说、娱乐书籍除外），我们组的教师除了选取教育教学书籍外，还选取了地理、历史、文学、心理、人生等方面的书籍，可见教师们的爱好非常广泛，也希望自己成为博学的教师。同时，我校还购买了"知网"的阅读下载权限，方便教师学习更前沿的理论。我也经常把区教研员推荐的学习内容分享给大家。

2.开辟"教师教学论坛"，"逼迫"教师读书

教师的工作琐碎、费心，结束一天的工作回到家，有时真的不想再学习了。同时我组也有些教师朴实、好学、上进心强，潜藏着许多"真货"，但平时很少有展示自己的机会。基于以上两点原因，我组从上学期开始，开辟"读书分享"论坛，利用教研组活动的5~10分钟的时间，每次邀请一位教师上台

演说，资料不限，可以是教育教学方面的，可以是学习体会、外出学习的资料与自己的教学实际相结合的经验、教学实践中的反思，也可以是自己的认识。我们的宗旨是本着"民主、开放、生动、活泼"的原则，透过论坛带给教师们展示自我的机会，共享教学实践的经验，营造一个用心进取、刻苦钻研、乐于交流的良好氛围。通过一年的实践，感觉效果十分好。

（二）抓课例研讨，共享经验，共同成长

校本教研突出的特点是以校为本，它强调的是学校是教研基地，教师是教学研究的主体，针对教学过程中出现的问题，进行反思，进行切磋，进行探究，以教学中的案例为载体，目的是改善学校教学实践，提高教学质量，促进教师和学生的发展，解决教师教学的实际问题。我组以研修中心、学校安排的讲课任务为依托，确定本学期的课例研究内容，如刘晶老师的区级研究课《进位加法》、郑莹老师的《解决问题》、贾晓辉老师的《找规律》《小数的初步认识》等。确定好研究内容后，分以下几步进行研究：

（1）组员分头准备，学习相关课标、相关教材资料，收集相关的文献资料。每人说自己的教学设想。

（2）进行组内交流：共同确定教学目标、重难点；分析学生情况；设计教学环节；由授课教师完成教案。

（3）根据第一份教案，执教教师授课。听课教师将听课发现的问题、设想或建议以及学生的活动状况等及时在教案的旁边记录下来。这样评课就会更有针对性，也能够更好地提出改进意见。整理组员的评课，授课教师完成第二份教案。

（4）根据第二份教案，再上课、评课，确定最终的教学方案。授课教师在上课结束之后写好教学反思。

（三）抓教学反思，总结整理，提升自我

教师的自我反思是校本教研的基础和前提，是教师个体以自己的教育教学行为为思考对象，对自己在教学中做出的行为进行自我审视和分析的过程，是反省、思考和解决教学过程中存在的问题的过程。在校本教研中教师要成为研究者，成为反思的实践者，透过对自己的教学观念和实践的反思，不断更新教学观念，改善教学行为，提升教学水平。我校要求每位教师在备课本上写教学反思，我们组在分享大家的反思时发现以下问题：

（1）教师的教学反思往往流于形式，仅仅停留于感觉哪里好，哪里不好。到底问题是什么，什么原因，并不能触及自己的深层思考。

（2）在反思中不能进行清晰地表述，反思也成了流水账。

针对教师在写教学反思中存在的"质量不高"的问题，我们组采取了如下措施：

（1）学习如何写教学反思。包括学习教学反思的写法、学习写得比较好的教学反思。（华应龙老师的《我就是数学》一书中就有一个章节是教学反思，我们组都学习过。）

（2）除了完成学校备课笔记上的教学反思，我们组35岁以上的教师还要写一篇质量较高的教学反思。

三、效果分析与反思

（一）效果分析

经过一个学年的实践，我们组教师有了一些变化：通过读书学习，教师的理论水平有了提升，在交流、评课时能有理论依据，能提出更加中肯的建议，而不是简单地说某一个问题提得合不合适，哪句话应该怎么说，等等；教师也能用学到的理论指导课堂教学，课堂上学生动手操作，画图解决问题，师生互动、生生互动越来越多，教师在备课前会做课前调研，通过调查问卷或者谈话了解学生的知识基础。

（二）反思

在教研的过程中，我们也感受到了一些问题：

（1）需要专家专业引领，提高研究的水平和质量。通过学习虽然有了一些领悟，还是觉得不透彻、不专业。尤其是科研方面还是个空白，科研课题立项的少。

（2）教学研究的成效很大程度上取决于教师参与教研的用心性。如何调动起所有教师的用心性，让他们自觉自愿主动地参与研究，还值得我们思考。

（3）教师日常教学安排紧凑，备课、讲课、作业、考核，以及学校各种活动和超多的笔记，如党员笔记、理论笔记、师德学习笔记，迎接各级检查等，使教师真正的业务学习和教研的时间、读书时间少之又少。给教师减负，提高教师教学、教研工作的用心性是今后的工作重点。

第五部分

北京市通州区中山街小学篇

  北京市通州区中山街小学1912年始建于宛平县卢沟桥，原名京兆师范附属小学，1920年随京兆师范学校迁入通县，1997年定名为北京市通州区中山街小学。学校现有28个教学班，在校学生1 200余人，教职工96人，市级骨干5人，区级骨干及青年骨干22人，通州区名师5人。

  学校以"发展每个孩子，开启美好人生"为办学宗旨；以建设"美好学校"为目标；秉承"以爱立教、以美育人"的办学理念，实施"爱·美"教育；以"因材施教、美言善行"的教师，培养"乐观乐学、乐群乐行"的健美少年，让每个孩子拥有美好现在，奠基美好未来。

  在百年的教育历程中，中山街小学以优良的教育传统和出色的教育业绩享誉通州。近年来，学校先后获得"全国中华传统文化教育优秀学校"、"国学教育先进集体""北京市学校文化建设示范学校""北京市规范化建设先进集体""北京市科研先进学校""北京市首批义务教育学校管理标准达标学校""北京市课程改革先进单位""北京市中小学艺术教育特色学校""北京市德育工作先进集体""北京市中小学党建示范点""北京市少年宫基地学校""通州区小学办学特色建设示范学校"等称号。学校连续多年被考核为"通州区优秀学校"，在全国、市、区合唱节、艺术节、科技节竞赛中连续获得各项大奖。2018年5月，学校管乐团被命名为"北京市学生金帆艺术团"。

乘势而上，实现教师队伍跨越发展
——北京城市副中心背景下教师队伍建设再思考

王晓慧

"北京城市副中心"，当古来的通州被赋予新的历史使命之时，通州教育也迎来了前所未有的挑战。教育要发展，教师是关键。立足于国家及北京市关于北京城市副中心建设指导意见，"坚持以德为先，能力为重，努力建设一支师德高尚、业务精湛、具有国际视野、充满创新活力的高素质专业化教师队伍。"这不仅是我校教师队伍建设的方向，更是促进中山街小学百年老校可持续发展的核心工程。

一流的教师队伍，创造一流的教育，提升教师的整体素质，促进学校在城市副中心教育的新发展。面对这一新形势下的新命题，我们以"精神引领、团队共进、多元培训、任务驱动"为教师队伍建设路径，在继承中创新，创新中发展，发展中跨越，努力打造一支高素质的专业教师队伍。

一、强化精神引领，提高教师队伍从业境界

教师作为立教之本，兴教之源，承载着塑造人、培养人、成就人的特殊使命。学校引领教师走专业发展之路的同时，更要从思想的境界引领教师的发展，引领教师追求高层次的精神需求。

1.愿景引领精神追求

愿景是对未来的愿望，体现的是希望、愿意看到的景象。学校发展愿景其实就是学校的核心理念和未来发展蓝图。城市副中心教育需要学校再次勾画引领教师未来发展的蓝图，让他们面对着美好的愿景，有共同的奋斗目标和精神追求。学校要引领教师充分认识自己肩负的神圣使命，让他们树立"城市副中心教育，我的责任"的观念，不断激发他们的工作动机，点燃他们尽心尽责的

工作热情。对此，学校精心制订"十三五"中长期发展规划，制订学校近期工作计划与目标。当教师明确了学校的规划与愿景后，他们会自觉地把学校的发展愿景与个人的成长规划结合起来，将其内化为个人愿望。这样的"愿景"形成为教师团队的奋斗目标，明确地指导教师的教学行为。

2.以学校品质凝聚教师精神

每一所学校，不管是经历悠悠岁月的积淀，还是刚刚创建意气风发的显露，都散发着它独特的品质。优良的校风、学风、教风作为一种崇尚、一种精神，会引领一代一代教师队伍不断发展壮大，稳固延续。历经百年的中山街小学经过代代人的努力，形成了难能可贵的"中山街精神"——默默奉献的敬业精神；共同上进的协作精神、奋力争先的进取精神、互敬互爱的团结精神。新的历史时期，刚踏进工作岗位的新教师，需要受到这种精神的熏陶与感染；坚守岗位奉献几十载的老教师，需要这种精神的鼓舞与激励。凭借学校品质，凝聚教师队伍，会使教师的教育信仰和价值追求趋于一致，更会使教师在高品质的城市副中心教育建设中，努力提升自己的精神品质。

3.主动发展提升精神品质

学校的发展需要以教师的发展为基础，教师队伍的发展必须以教师的自我主动发展为前提。为适应城市副中心对教育的高要求，学校运用多种方式，搭建平台，充分调动教师的积极性：挖掘教师的创新意识，给每一位教师创造机会，创造宽松的发展环境；善于发现和鼓励教师，让他们品尝成长的喜悦，体验成功的快乐；构建适宜教师发展的环境氛围，激发教师的自我发展动机；满足教师发展的愿望，影响和促进教师自主发展行为的发生和改变。学校用人本的思想，建立富有人性化的学校精神文化，将队伍建设与教师需求兼顾，使队伍建设的愿景变为教师自觉的追求。

二、挖掘集体智慧，建设合作共进团队文化

"学习共同体""学校共同体""实践共同体"等是当下西方教育领域备受瞩目的术语。伴随着我国基础教育的改革，我们也越来越深刻地体会到，只有建设目标同向、意愿同心、行动同步的合作共进的团队文化，学校才能长足发展。

1.建立"学习共同体"。

管理大师彼德·圣吉说:"在现代组织中,学习的基本单位是团体而不是个人。当团体真正在学习的时候,不仅团体整体产生出色的成果,个别成员成长的速度也比其他的学习方式要快。"面对提速的城市副中心教育发展,建立"学习共同体"是教师队伍发展的重要途径。一方面让教师在相互尊重和支持中展开建设性的讨论、质疑和批评,有助于提升教师的思维水平,促进其对问题的深度理解,最终使学习真正发生。另一方面在学习交流中,教师分享理念、分享经验、分享知识,从而使课堂教学观念得到更新,知识结构得到完善,教育智慧得到提升,更能促进学生的健康发展。

2.建立"合作共同体"

构建合作型的团队是教师队伍精神建设的黏合剂。教师的专业发展需要在同伴互助中得以提升。学校以多种形式建立教师交流合作的平台,如举办集体备课、教师展示课、学科教研等活动。教师之间强化沟通、促进帮助、明确目标、相互激励、协调一致。目标使团队成员紧紧黏合在一起,创造真心向往的"共同愿景"。成员间通过合作增强凝聚力,从而形成强有力的团队精神。

3.建立"校间共同体"

学校依托我区有着成功经验的"协作组""联盟校"等组织,加强校际间交流学习,在合作分享中实现教师队伍的发展。校际间充分利用共同体的宝贵资源,定期进行教学研讨活动,相互听课、评课,共享试卷甚至练习卷,开展教学论坛,以实现共享共进。校际间组织教师公开课教学观摩、课例点评、案例分析、专题讨论、经验交流等活动,互相学习,互相汲取,从而开阔教师视野,加速教师专业发展。

三、建构多元培训,创新教师成长方式

基于城市副中心教育信息化、国际化的要求,教师的培训作为当务之急,摆在了每一所学校面前。围绕通州区的培训核心理念,以"教师需求"为导向,整合资源,分层开展,创建具有实效性的校本培训体系,既是我校教师培训的方向,也是我校教师培训的措施。

1.高点站位,培训内容前瞻

眼界决定境界,视野决定高度。为培养适应未来国际化都市教育的教师队伍,我们采取更为积极主动的开放态度,内涵更为丰富的大开放观,推动培训工作,以达到北京城市副中心教育的新要求。我们利用专家资源,进行教育观念的引领和教育前沿理论的介绍,使教师借助外力,更新自我。我们邀请草根教师进行操作实践方面的介绍,在帮助教师解决问题的同时,引发热情,强化自省。跳出教育看教育,我们进行了教育以外的多方面领域培训,开阔了教师视野,丰富了教师自身的内涵。我们引进国内外培训机构,实施体验式培训,促进教师整体专业水平及专业技能的提升。

2.分层培训,重点突出

针对学校教师队伍多层次特点,结合教师需求的多样性和差异性,我们有的放矢地采取分类分层次培训。首先根据教师的综合情况,将教师分为"新手型教师""成熟型教师"和"专家型教师"三大类。对于新手型教师,根据其对教学工作尚缺乏良好的感性认识,教学技能尚不成熟,教学思想尚未形成的特点,其培训以"师徒帮带"为主要形式,以"实践性知识"为主要内容。对于成熟型教师,根据其已有多年教育教学实践经验,已能熟练处理教育教学常见问题,只是在教育教学的创新性和艺术性上还有待进一步提高的特点,其培训将以"教育科研"为主要形式。对于专家型教师,根据其已有丰富的组织化的专业知识,并能高效率、创造性地解决教育教学的实际问题的特点,其培训以"送出去"为主,帮助其参加更高层次、专门化的培训,并充分调动其积极性,承担起培训"新手型教师"和"成熟型教师"的职责。这样的分层次、强调精准的培训,满足多元需求,促使教师在自身的成长道路上,产生发展惯性和前进动力。

3.尝试探究"互联网+"下的校本培训新模式

教师校本培训既要放眼未来,也要关注当下。移动互联、大数据、云计算等新一代"互联网+"技术深刻影响着教育教学领域,也促进和催生了教师职业发展研修培训模式的创新。为此,我们要依托网络,从集中培训逐步变为多点互动的网上培训,实现优质资源的辐射作用,利用时空不限、主体多元、内容自选、形式多样的优势,打造网络交互平台(QQ群)、网络发布平台(微信公众号）、网络资源平台（云盘）、在线网站（学科网站）等校本培训平台，形成网络交互、网络发布、资源共享、在线学习等形式的系统化网络校本培训体系。我们充分发挥网络不受时空限制的优势，打破传统教研活动形式，开创校本培训新格局。

四、利用任务驱动，促进教师在修炼中成长

面临教育的新形势和城市副中心教育的高标准，如何将教师的理念快速转化，实现教师水平的明显提升，是教师队伍需要破解的难题。要推动教师主动发展，任务驱动应是一条主要途径。

1.主题研讨中磨炼

我们基于教师关注的热点、难点问题开展研讨活动。每次确立一个主题，一位教师承担主题发言，分享自己的认识和经验，如"怎样使小组合作学习更有效""教学如何落实以学生为中心"等，而其他教师以提问、点评、补充等形式和主题发言教师交流。主题发言教师前期要经过深入思考，学习储备，总结实践，这个过程既是学习，又是提升。教师间在分享和对话中，相互激励和帮助，从而对疑难问题进行深刻理解。

2.课堂研究中磨练

课堂教学研究作为提高教师专业素养和教学能力的主渠道最能磨炼教师。为此，学校搭建平台，开展"课堂展示""课堂评优""同课异构"等多种形式课堂教学研究，以期促进每一位教师在课堂教学中展示自我，检验能力，寻找差距，谋求提升。

3.课题研究中提升

在学校总的教育教学研究方向之下，我们帮助教师确定研究题目。每人都是小课题的负责人，团队定期进行课题研究，激起教师学习和解决教育难题的兴趣，让他们不断总结、概括和提升自己的教学经验，逐步向既能教学又能研究的发展方向转化。

4.读书交流中涵养品德

学校开展多种读书活动，提供物质保障的同时，加强管理。团队共读一书或进行读书推介，教师就书中的观点、自己的心得进行交流，从而促使他们在

读书中涵养品性，在读书中增强知识底蕴。

5.作品展示中相互促进

我们开展了作品展示活动。每位教师找自己教育、教学中最为得意的作品，可以是教学设计、课件制作、班级活动设计方案，然后发表的作品。我们安排教师集体观看，评议交流。这样教师在准备作品的过程中，会精益求精，不断研究。作品展示过程，也是促进教师观察、示范学习的过程，它可以促进教师之间深入了解和相互学习。

"君子务本，本立而道生。"立学校持续发展之"本"，关键就在于学校教师队伍的可持续性发展。在北京城市副中心的背景下，迎接挑战，建设一支师德高尚、业务精湛、具有国际视野、充满活力的高素质专业化教师队伍，实现教师队伍跨越发展，我们任重而道远。

构建小学信息技术生态教学，
提升学生信息素养的策略

张立新

教育生态是指运用生态学方法研究教育与人的发展规律，着重围绕生态平衡、环境与适应、人群的分布与构成、人际关系等问题，试图建立合理的学校内外生态环境，提高教学效率，促进学生健康成长。我认为生态教育观与让教育回归到"人"的原点，让学生站在课堂正中间，有效实施教育，提高学生综合素养不谋而合。

随着社会经济的快速发展，人们对教育的重视程度不断提高。在生态教学、大数据背景下，人们对小学信息技术教学的重视程度有所提升。学生的信息素养是其综合能力的重要体现。但是，当前在我国小学信息技术教学过程中，存在着一定的问题，学生的信息素养不容乐观。针对这样的情况，教师应该对小学信息技术教学过程中培养学生信息素养的优越性有充分的认识，同时，对信息素养教学有很好的理解。

一、小学信息技术教学的现状

（一）缺乏明确的培养目标

当前，在小学阶段，教师在开展信息技术教学的过程中，对信息技术课程的设置比较简单，缺乏明确的目标，显得十分盲目。信息技术教学主要是以计算机课程内容为主，同时，在教学过程中，教师也要注重传授学生计算机操作能力。但是，在实际的教学过程中，教师过度注重让学生掌握计算机相关技能，忽视了对学生信息素养的培养。这样会导致学生的信息技术能力提升缓慢，影响学生信息素养的提升，最终会影响学生的学习能力，甚至对学生以后的学习也会产生一定的影响。

（二）缺乏综合的培养观念

由于受到传统教学观念的影响，在学生信息素养培养的过程中，教师没有树立学科综合观念。他们在教学过程中，只是简单地依靠信息技术课程对学生进行综合素养的培养，没有在学生学习信息技术的过程中，对其进行信息的利用和处理能力培养。所以学生仅仅掌握了信息知识和技能，没有获取良好的信息素养，因此，这也会导致学生的综合能力提升受到影响。

（三）对信息技术教学不够重视

在小学信息技术教学过程中，学生的信息素养难以得到更加有效的提升，与学校和教师对信息技术教学不够重视也有很大的关系。一些学校相关领导和教师认为小学生的年龄比较小，理解能力还不够强，培养学生的信息技术能力和素养是以后的事情。所以，在具体的教学过程中，教师只是教授学生一些最基本的知识，教学手段单一，忽略了对学生进行信息素养的培养。其实，教师应该从小开始培养学生的信息素养，应该抓住小学这个非常重要的阶段，让学生在掌握基本的信息技术技能的同时，对他们的信息素养的观念进行培养，这样才能够为学生以后的长远发展奠定坚实的基础。

二、培养学生信息素养的有效策略

（一）结合教材为学生的素养教育创设情境策略

1.善于从教材中发掘素养教育因素

教材中存在着许多潜在的正向教育因素。教师要善于从信息技术教材中发掘出这些教育因素，适时对学生进行教育，这样一方面使学生掌握知识，另一方面也让他们产生对做有素养的好孩子的情感需求。教师在教学中适时、自然地利用这些潜在因素对学生进行思想教育，会达到事半功倍的效果。

例如，在四年级上册《画规则图形》这一课中，我在教授如何使用"填充工具"填充颜色这一环节时，在让学生学习完课本上的"填充工具"后，又在课堂上增加"吸取工具"的使用，让学生运用"吸取工具"吸取相应颜色，再用"填充工具"修补汽车的划痕或给被乱涂乱画的公物重新上色等。这样，无形中让学生体验到了做文明学生的成就感，也可以引导学生积极说出自己的感受，表达自己通过这样的活动对文明产生的认识和做文明人的喜悦之情，然后对学生提出以后不能做破坏公物的事及和不文明的行为说"不"等。整堂课，学生的学习积极性很高，而且学生间能相互合作，他们按要求完成了课堂任务。本节课不仅让学生学习了"填充工具"的使用，也让学生在课堂上受到了德育文明教育，学习效果显著。

2.结合教材内容为学生创设相应的教学情境

通过结合教材内容为学生创设相应的明德导行教学情境这一方式，不仅能让学生愉快地掌握技能，同时还能积极地引导学生做文明市民、文明学生，提高学生的信息技术素养。

例如，《图形标志我会认》这堂课以教学图形标志的复制与粘贴为主，是对北师大版第九课"复制图片"内容的延伸与拓展。课上结合该年段美术学科《认识图形标志》，我利用信息技术为学生创设日常生活中的画面，引导学生走进生活、走进社会，激发他们的探究欲望，让他们了解生活中常见的图形标志特点及表示的不同意义，使他们逐渐提高指导自己日常行为的能力，时时告诉自己做文明少年。整堂课围绕图形标志，不仅激发了学生学习的兴趣，还为本节课的复制、粘贴做了铺垫，起到了良好的教学效果的同时也提高了学生的信息技术素养。

（二）在课堂教学方法上融入素养教育策略

1.角色体验，创设素养情趣

新课程需要我们教师大力改进课堂教学的方法，拓宽学习活动的方式，改变狭隘、封闭的课堂学习，将其变成广阔、开放式的教学活动。在教学活动中我们可以用角色扮演的方法，让学生在模拟生活实践的过程中把学科知识与他们已有的生活经验联系起来，让他们在体验中学习，在体验中感悟。

例如，在学习中文输入法时，"练习输入一句话""输入日记"等需要学生在记事本中输入文字。这时我根据课时安排结合学校刚刚举办的"学习雷锋纪念日"活动，让学生谈谈自己在活动日以及平时的学习生活中学习雷锋叔叔做了哪些好事，遇到了哪些好人好事，并把具体事迹用文字的形式输入记事本中。这时学生各个兴致勃勃，把自己融入雷锋精神中，诉说自己学习雷锋的种种事迹。通过这一角色体验，学习雷锋的精神在学生心中打下了深深的烙印。教师再适时地进行语言的点拨和渗透，使得学习雷锋的精神在学生心中又得到了内化和升华。这样，学生在信息技术的探究学习过程中，不仅解决了单纯练习打字的枯燥，同时在心灵上得到了陶冶，美化了情怀，间接达到了育人效果。

2.合作学习，发展完善素养

合作学习是学生学习信息技术的重要方式之一。在合作学习过程中，班级—小组—个人的组织结构模式既保证了集体的利益，又确保了个性的发展；师生之间、生生之间的交往模式体现了民主、开放的精神；学习内容、学习能力的互补模式给学生提供了互帮互助的道德情境；个体与其自身、小组与小组的成绩评价模式促进了学生心理的健康成长。因此，合作学习的这种教学组织过程本身就是一种德育过程，为培养新时期具有民主合作精神、具有自主意识的道德新主体开辟了新途径。

例如，在四年级下册《用 Word 软件制作书签》一课中，我努力让学生在自主探索、合作交流中回顾所学知识，探索新的知识。在课堂中我以学生为主体，引导学生进行有效的讨论、交流、实践活动，使学生真正成为学习的主人。书签制作跟平时电子小报制作的不同之处就是页面的大小，页面设置除了需要设置"纸张大小"，还需要设置"页边距"，而大多数学生在设置时忽略了"页边距"，导致页面设置不完整。这时，我让学生以小组为单位，自主探索，合作交流，最终讨论出书签的页面设置离不开"页边距"的设置。在信息技术课堂教学中开展小组合作学习的时候，教师应走到学生中间去，在小组间巡视，关注学习有困难、默默不语的学生，让他们在教师与小组同伴的帮助、鼓励下，积极地参与到小组活动中去，在合作学习中表现自我，从而获得成功的体验，同时教师也达到为学生的德育发展而教学的目的。

（三）任务导向型教学策略

信息技术中蕴含着许多新思想、新观念、新方法，它应该是开发学生智力、培养学生能力、全面培养学生素质的最有活力、最有前景的一个学科。为此，我选择了任务导向型教学策略。学生以教师布置的学习任务为导向，围绕主题任务进行新知识的学习和探索，化被动学习为自主学习，充分发挥主观能动性和创造能力。这种教学策略培养了学生独立思考和总结任务解决的方法和策略的能力，使他们学会筛选有效信息并抓住任务关键点加以拓展，促进学生学习信息科技的兴趣和欲望，使课堂中形成以学生为主导、教师为指导、激发为导向的信息技术教与学的模式。

例如，在学习《名片DIY》这一课时，我结合前几课的学习，设置了任务，要求学生掌握名片的整体排版，合理布局名片页面，然后去收集各种各样有特色的名片，充分发挥自己的想象力和创造力，用学过的知识为自己设计一张独特的名片。像这种学习任务的设计就能很好地融合、巩固、夯实学生已学习过的知识点和技能。培养学生自主探索、思考、解决问题的能力是任务设计的关键和目的。

综上所述，小学阶段是学生的各项能力培养和提升的重要阶段。因此，在开展小学信息技术教学的过程中，教师应该结合教育生态观和学生实际情况，注重培养学生良好的信息素养，不断提升学生的学习能力，提升学生收集、筛选、运用信息等综合素质，为促进学生的全面发展奠定坚实的基础。

教育生态学视阈下的翻转课堂模式构建

张 甡

哥伦比亚师范学院院长劳伦斯·克雷明于 1976 年在《公共教育》一书中提出"教育生态学"一词，随后"教育生态学"开始兴起。在我国，最早开始研究教育生态学的学者是南京师范大学吴鼎福教授，他在1988年发表的论文《教育生态学刍议》中指出，"教育生态学是研究教育与整体的生态环境之间相互关系的科学"。2000年后，关于"教育生态""生态课堂"的研究迅速发展起来。

一、教育生态核心概念

教育生态学是运用生态学的理念、原理和机制，研究各种教育现象和教学问题、探索教育与人的发展规律的一门交叉学科。"用生态系统思维研究教育既是对教育科学的反思，也是教育科学本身发展的必然规律"，它具有整体共生性、双向制约性、客观平衡性和复杂多样性的特点。我们通过将教育置于动态、开放的环境中，使教育与生态有关的学科相结合，使教育环境、课程体系以及人才培养得到优化。

二、翻转课堂的生态功能

翻转课堂的教学系统由多个生态种群构成，包括学生种群、教师种群和教学资源种群。各种群既有独立的生态位，又相互依赖、紧密联系，在能量交互的过程中保持动态平衡。只有充分发挥翻转课堂的生态功能，才能保障教学系统的稳定运作。

三、翻转课堂的构建策略

（一）模式构建

1.协作与竞争并存的学习模式

协作是通过与他人的配合、交流，达到共同目标的集体活动。竞争是以超越、战胜对方为目标，激励自我提高的个体行为。协作与竞争是一个事物的两个方面，相互依存，互为补充。翻转课堂鼓励学生以小组为单位，分工合作，取长补短。小组成员互相监督、互相鼓励，建立一种积极的互赖关系，易于成为彼此的榜样。小组协作可以提高学习效率，发展学习策略，使学生在沟通与协商中，达成共识，在质疑与反驳中，激发灵感，实现团队利益的最大化。

2.线上与线下并存的教学模式

在教育生态中，"花盆效应"普遍存在。与传统的"以教师为中心"的教学模式不同，混合式教学是面对面的课堂教学与基于互联网的在线教学相结合的模式。线上线下的融通打破了时空的桎梏，构建了更为开阔的生态格局，改变了学生的思维方式、认知方式和互动方式。学生利用多种移动设备在课外进行碎片化、泛在化学习，他们"不仅需要共性的标准化的知识习得，更追求个性化知识与创造性知识的自我建构与生成"。教师借助互联网营造一个开放的学习环境，并且提供平等对话与合作学习的空间。教师的角色由单一的传授者转变为设计者、组织者、促进者、启发者和引导者。原来以知识传递为主的教学由线下转移到线上，将话语权还给学生，充分发挥"人"的优势，打造充满人格魅力、闪现人性光芒、涌动人文情怀的生态课堂。

3.监控与激励并存的管理模式

翻转课堂倡导开放自由的学习环境，但一旦学生过于自由，课堂就会陷入无序混乱的状态。因此，教师既要鼓励学生大胆发言又要保持自身的话语权，既要允许学生尽情发挥又要适时提醒指点，确保学习活动沿着预定的轨道进行。

（二）具体案例

1.以学定教，做好课前准备

与常规的教学模式相比，"翻转课堂"教学模式在根本上颠覆了以往的教学流程，教学环节发生了较大变化如图所示，这就需要教师在上课前做好充分的准备工作。

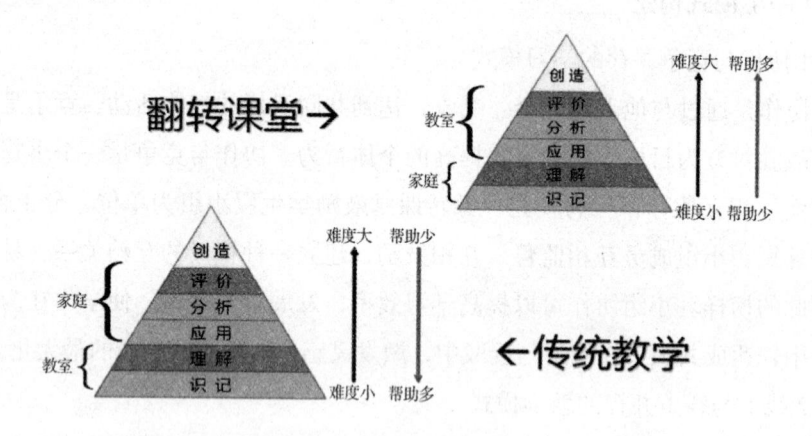

翻转课堂与传统教学对比图

（1）教学计划。在进行课堂教学前，教师在全面掌握教材内容的同时，应以学生自主学习为目标，精心设计本次课堂的教学流程，根据教学内容及学生实际情况，确定教学目标，预设本课的教学重难点，并制作相应的视频对知识点进行讲解、点拨。教师还要根据学生知识掌握情况，为学生提供自主学习记录单（学案导学）等，帮助学生进行自主探究，促进知识技能的掌握。

例如，我在iebook软件学习的《制作封面和封底》这一课中，选择运用翻转课堂模式。纵观本单元教学内容，前两课时学生们认识了iebook软件。学生以小组为单位，确定了杂志主题，并为制作电子杂志收集了大量的素材，如图片、文字、视频、音乐等。《制作封面和封底》虽是第三课时，但却是本单元实操的第一课。在本课中让学生对iebook软件产生兴趣，有自主学习、创作的欲望是关键。所以，我将本课知识点（替换背景、封面、封底图片、插入文字模板），以5分钟的视频模式呈现给学生，并根据视频内容，为学生提供了学习记录单，引导学生记录操作步骤，总结操作方法。

（2）视频制作。精心设计、录制能有效吸引学生的教学视频是翻转课堂教学实施的基石。每节课的视频可以根据教学内容及学生情况分为多个小段，也可将多个知识点集中为一段，视频一般不超过10分钟，这样可以有效降低学生的认知负荷，保证在短时间内完成相应的学习。教师制作的视频要能够吸引学生积极参与到教学中来，调动学生的学习热情，并给学生留有思考创新的空间，从而引导学生主动学习。网络中也有许多优秀的开放资源，我们可以根据教学内容进行选择、截取，但最好是根据学生情况自己进行创建。

（3）课前自主学习。自主学习阶段是学生课前学习的重要环节。自主学习从知识的获取开始。学生首先要通过网络平台下载学习资源包。学生获取资源包后根据自己的时间和节奏制定学习目标，在观看视频时可以根据自己的实际情况快进或倒退或重播；同时通过教师提供的自主学习单，总结操作方法，并记录学习时遇到的问题。

课前的自主学习，要根据学校、家庭、学生等多因素进行考虑。我在实施自学环节时，开始是让学生在家进行自主学习，但个别学生不能完成，原因很多：有的是家长不愿孩子长时间接触电子设备；有的是家庭条件有限，无法进行自主学习；还有的是学生自律能力差，没有教师和家长的监督，不能进行有效的自主学习等。针对这些情况，我采用了校内翻转教师模式。上课前，学生可以自行来到计算机教室，根据自己的需要进行自主学习。在这期间，我们运用"飞鸽"软件，建立一个讨论组，学生遇到问题可以在讨论组中提出，同学间可以互相解答，对于个别操作基础差的学生，教师可以进行个别辅导。

2.释疑解惑，协作学习，提高课堂实效

"翻转课堂"模式下的课堂教学目标是答疑解惑、协作学习以及综合应用。学生要将课前无法解决的问题拿到课堂上来，通过同学间的协作及教师的适时引导，帮助学生深化重点，突破难点。

（1）小组协作。翻转课堂最核心的价值体现在教师与学生面对面的交流中。课堂上，教师要注重培养学生的合作意识，无论是课上遇到问题，还是在创作时有了困难，都提倡学生以互助、小组合作等方式进行交流和解决。教师则需要随时捕捉各小组的探究动态，并及时加以指导。如果遇到学生无法解决的问题，教师可以针对问题进行详细的讲解和演示。

例如，在学习《制作封面和封底》一课时，很多学生在修改文字模板的相关元素时，都出现了不同的问题：①选中元素却无法更改文字；②设置了文字的字体颜色等属性后，预览时却不能显示文字或文字排版发生变化。问题提出后，同学们争先帮助解决。第一个问题通过学生演示操作，发现是操作问题：

选中要修改的元素后双击才能进入编辑状态,这是和其他软件有所区别的。而第二个问题,学生却无法解答,教师引导学生小组合作,分别尝试更改各种属性,看看能否找到问题的答案。通过小组协作探究,学生们发现,在更改文字属性时,有一些字体和颜色不被模板所识别,从而总结出这是软件文字模板的局限性,所以在使用文字模板时,要注意文字属性的修改。

(2)独立创作。翻转课堂中,教师应该注重培养学生独立完成任务和独立解决问题的能力。学生只有能够独立思考并能够根据实际需要去解决问题时,才能有效地促进知识内化,从而系统地构建新知,形成自己的知识体系。所以,课堂上教师要留给学生独立创作、解决问题的时间。

学生的潜力是无限的。作为教师,我们要想尽办法去开发学生的潜能。通过自学和合作学习,学生已经掌握了知识技能,课上教师给学生留有足够的时间让其进行创作,用学到的知识完成自己的创作,这样既激发了学生的创作热情,又将所学知识内化。在评价学生作品时,教师要引导学生进行客观的评价,观察作品的闪光点,然后根据自己的想法提出建议。

教育信息化的发展,给传统的教学理念、育人模式和学习方法带来了巨大冲击。从教育生态学的视角出发,翻转课堂作为颠覆和逆转传统课堂的新型教学模式,能够利用现代教育技术,化解教学生态环境中的限制因子,打破"花盆效应",形成符合各个生态因子自身特性的生态位,达到和谐共生的状态,实现教学系统的动态平衡。

精准校本教研　促进教师专业成长

葛亚丽

一、校本教研的概念

前教育部基础教育司副司长朱慕菊指出，以校为本的教研，是将教学研究的重心下移到学校，以课程实施过程中教师所面对的各种具体问题为对象，以教师为研究的主体，理论和专业人员共同参与。校本教研强调理论指导下的实践性研究，既注重解决实际问题，又注重经验的总结、理论的提升、规律的探索和教师的专业发展，是保证新课程改革实验向纵深发展的新的推进策略。学校是教学研究的基地，教师是教学研究的主体，促进师生共同发展是教学研究的直接目的。

学校是真正发生教育的地方，教学研究只有基于学校真实的教学问题才有直接的意义。校本教研旗帜鲜明地强调三个基本理念：第一，学校是教学研究的基地；第二，教师是教学研究的主体；第三，促进师生共同发展是教学研究的主要而直接的目的。

二、校本教研的重要特征

1. 校本教研是一种合作性的参与式研究

校本教研强调研究的民主性，包括教师之间、教师与专家、学校管理者、其他合作者之间的相互协作与支持。以校为本的教研，还应有专业研究人员的参与，学校要积极主动地争取他们的支持和指导。专业研究人员要以高度的责任心和满腔热情，积极主动地参与校本教研制度的建设，努力发挥专业引领的作用，为学校和教师提供切实有效的帮助，并虚心向教师学习，在改革的实践中不断地提高自己。

2.自我反思是开展校本课程的基础和前提

自我反思、同伴互助、专业引领始终贯穿在研究过程之中。教师个人的自我反思、教师集体的同伴互助、专业研究人员的专业引领是开展校本教研和教师专业化成长的三种基本力量。校本教研只有转化为教师个人的自我意识和自觉自愿的行为，才能得到真正的落实和实施。

三、精准校本教研，促进教师专业成长

（一）推进深度校本教研，促进专业化教师梯队健康发展

在校本教研的基本理念引领下，我们中山街小学教学工作以"爱·美"课程体系建设为主线，以"育人为本、夯实基础、培养习惯、发展思维"为目标，以"精致管理、团队教研、重在实施"为策略，以育人方式变革为核心，聚焦"深度学习"，建构以学生成长为核心的学习中心课堂，推进深度校本教研，促进专业化教师梯队健康发展。学校强化教育科研在课程改革中的引领作用，促进教学和科研一体化。

通过研、学一体，在学校课堂变革的开展过程中，学校课题引领、学科团队专项研修、教师全员参与的三层科研体系建设逐渐形成了。

学校层面，校长担任学校教科研研究组长，全面统领各学科教科研的研究工作，确立课题研究、课堂教学的总体发展方向。

学科教科研团队进行专题课题研究。教学领导干部主抓，市级骨干教师为学科团队队长，各学科任课教师组成团队进行研究，围绕学校确立的学科主题教研方向，让课题研究与课堂教学实践有效结合，把课题研究引入教育教学实际，积极构建"教研和科研一体化模式"。

全员参与校级专项课题的研究与实验，促进教师专业成长，促使课堂发生改变。每位教师根据本学科学校总体教学、科研课题研究内容，结合各人特点，申报校级研究课题，不仅为自己科研意识提升打好基础，更为学校课堂教学改革助力。

借助校外项目研究，促进学校科研发展。通过参与首都师范大学"变教为学"改革项目，"吴正宪特级教师工作站""基于教学改革、融合信息技术的新

型教与学模式"全国试验区,"线上线下混合式"教学研究等项目,校内校外形成优势互补,探索长期有效、适合学校自身课堂教学发展的经验和做法。

(二)校本教研的形式及方法

校本教研以自我发展、专业引领、团队教研为主要活动形式。我们可运用案例分析、课堂实践、团队研究、专家互动、理论学习等多种方式推进校本教研。

1.自我发展

每位教师都要制定自己的"个人成长档案",注重自我专业发展,及时对自己的教学行为进行反思与分析。

课前,教师在教研组共备通用教案上要进行个性化修改,每节课上完之后,教师要进行课后反思,通过反思来审视自己教学中的得与失,及时调整教学策略。

每位教师每学期要承担"四同"新授课与复习课各一节,每学期至少撰写一篇"心语"教学案例或具有研究性的文章。

2.专业引领

学校组织教师加强对新课程的理论学习,各学科每学期给每位教师提供至少两本理论书籍,并组织进行"学习图书分享会"。同时,教师在专业教育报刊或互联网上进行新课程理论学习,并做好学习摘记(每学期至少写两篇"心语")。

学校每学期为各学科聘请相关专家,指导教师进行学科教研与方向引领,并组织校内市、区级骨干教师建立"骨干教师团队"。每位骨干教师每学期至少做一节"骨干教师引领课",一次"骨干教师教学理论培训"。

依托学科"项目"实验,与项目团队密切配合,各学科教师要积极参与学科项目的实施,提高自身教学水平。

坚持实施"师徒结对"活动。每学年开学召开骨干教师与青年教师的"师徒结对"拜师会,为青年教师进行专业引领。

3.团队教研

每学科组建学科研究团队,采用"团长"负责制,建立完善的学科团队体系,以学科团队整体研修为教研载体,促进校本教研高效发展。

学科团队教研要明确本学科的研究主题、研究方向、研究内容，进行完整的学科教学体系建设。

学科团队每学期要制订团队活动计划、具体团队活动方案，进行团队活动总结。每学期灵活进行团队教学研讨、课堂教学研究、团队研究内容汇报，并按时做好记录。

（三）语文团队精准校本教研活动例谈

2013年4月，学校语文团队确立进行语文教学改革思路，之后制订了"1+1"语文课程改革实施方案，现在语文课程改革确实进入了教师思想与实践的视野。部编版教材实施以后，更加验证了几年来校本教研的目标精准，对教师的自身提升起到了不可低估的作用。

语文精准教研分为四个步骤：

（1）聚焦课堂——明确问题。研究问题的明确是推动研究进行的直接动力，也是影响研究质量和水平的关键因素。我们在这一步骤重点解决的是为什么要进行语文教学改革的问题，使教师用新的视角分析自己的语文课堂，把共性的问题提炼出来，明确知道要改什么。

（2）制订方案——组建团队。为了保证"1+1"语文教学改革的有序进行，我们在广泛学习、讨论、交流、明确问题的基础上，制订了学校"1+1"语文课程改革实施方案，建立了以市区语文骨干教师和教研组长为带头人、全体语文教师都是研究者的语文教学研究团队。

（3）深度联盟——移植借鉴。学校干部、教师在2013～2015年，多次去往山东的语文课改实验学校影随学习，每学期聘请不同风格的山东语文课改名师来学校现场授课、答疑、评课，给教师的语文课堂教学提供方法和策略的指导。学校干部、教师在北京市内的交流就更为常态和频繁。通州、丰台、门头沟、顺义近20所学校，通过中国教师报的教育联盟，结成了语文课程改革同盟学校，开展了联盟校之间广泛的培训、上课、语文知识竞赛等活动。深度联盟、移植借鉴这种方式，不仅是深度培训，而且搭建了交流展示的平台，把学校力量、社会力量和学者与领导者的力量凝结在一起，开拓了语文教师的眼界，给了语文教师克服困难的方法和信心，使语文课程改革更坚定地走向深入。

（4）任务驱动——诊断提升。这是一个艰难的推进过程，每位教师不是看别人改革，而是自己改自己。我们采用任务驱动的方式，每学期每一位语文教师都有明确的备课与上课分工，并要求他们在学校上语文课改汇报课。汇报课的形式和内容按"1+1"改革实施方案的要求进行。在每学期语文教师课改汇报课上，一个教研组内就会出现"单元整体预习课""1+1精读课""单元整体回归课""阅读展示课"等不同的课型。每次课后语文研究团队都会立刻组织教师分析研究：所上的课是否达成了开始设定的目标？成功的做法是什么？问题出在哪里？从教学目标的制定，到小组合作学习的分步培训，再到不同课型的摸索、学习任务单的使用，每次都有核心议题。教师们要经常性地调课，外出学习，校内讨论，随时随地琢磨交流，语文教师教研活动的深度与密度都是空前的。

总之，语文团队的精准教研只是学校校本教研的一部分，学校对各个学科的校本教研有着一种整体的研究态度。通过精准校本教研，每个团队已形成了一个学习、研究、实践的共同体。学校有明确的推进步骤和策略，每个学科的每位老师都有清晰的改革目标，他们在改革过程中随时随地学习、交流、协作，每个人都在团队互动中受益。教师们评价课堂教学的标准已发生明确的改变，每一节课上都能听到学生们思维拔节生长的声音，学校多年的育人目标已在课堂上很好地呈现。

营造共同成长健康生态　激发家校协同育人活力

李彩艳

习近平总书记在全国教育大会上指出，"办好教育事业，家庭、学校、政府、社会都有责任。家庭是人生的第一所学校，家长是孩子的第一任老师，要给孩子讲好'人生第一课'，帮助扣好人生第一粒扣子。教育、妇联等部门要统筹协调社会资源支持服务家庭教育。全社会要担负起青少年成长成才的责任。"作为学校，如何团结家长，家校同心，给予孩子更科学和优质的教育呢？构建完善的家校协同育人机制就显得尤为重要而紧迫了。

中山街小学正确分析当前家校协同育人的形势，明确培养"乐观乐学、乐群乐行的健美少年"的育人目标，努力打造以"协同"为工作重心、以学校教育为主体、以家庭教育为基础、以社会教育为依托的教育格局，营造学生、教师、家长共同成长的健康生态，激发家校协同育人活力，发挥教育的整体效应，最终实现家校"同频共振"育人。

一、叩开"校门"，传递科学共育理念

（一）建立三级家长委员会，健全家校合作机制

良好的家校合作有赖于家校合作机制的建立。我校将三级（班级—年级—学校）家长委员会纳入学校日常管理体系，制定《家长委员会章程》，发挥家长委员会在家庭教育指导工作中的重要作用。

家委会以志愿者的形式主动协助学校推进教育教学工作，是学校联系广大学生家长的桥梁和纽带。学校和班主任老师依据以下标准确定家长委员会候选人：关心学校工作，在教育子女方面有一定的心得，在家长中具有一定的威信和积极影响力，有一定的组织能力，时间相对充裕。

三级家委会逐层产生：班级家委会由班主任和全体家长提名，并由全体家

长进行民主决议产生；年级家长委员会由各班主任提名并由班级家委会成员民主决议产生；学校家长委员会由各年级组长提名，并由全部家长委员会成员民主决议产生。

家委会的主要职责包括三项：一是参与学校管理，二是参与教育工作，三是沟通学校与家庭。家委会及时向家长通报学校近期重点工作和重要举措，听取并转达家长对学校工作的意见和建议，向学校及时反映家长的意愿，听取并转达学校对家长的希望和要求，促进学校和家庭的互相理解。

学校每年召开两次校级家长委员会会议。会上，年级家委会委员对自己收集上来的问题与学校进行讨论，对学校的教育教学管理提出建议，寻找解决问题的办法，同心协力，献计献策，改进学校工作。

学校制定了《中山街小学家长委员会章程》《优秀家长评选制度》《家长监督制度》《学校领导接访家长制度》。每学期召开两次家委会例会，听取学校、班级关于发展规划、教育教学工作安排等方面的情况介绍，就重点问题进行研究，为学校和班级献计献策。以三级家委会为纽带，学校打通了家校协同育人壁垒。

（二）采用多种途径，畅通家校沟通渠道

1.以家长开放日为窗口，传递学校育人理念

教学是学校工作的核心，课堂是学校的主阵地，家长尤为关注孩子在课堂上的表现及教师的教学方法和育人理念。

中山街小学坚持开展家长开放日活动。活动中，家长们亲身参与到教师的课堂中，感受到教师在教学活动中融入的育人理念，感受到教师们对孩子真诚的付出，感受到孩子们真正的成长。活动后，学校通过反馈表和访谈两种形式了解家长的意见和建议。参与活动的家长们对我校教师给予了很高的评价。有的家长说：老师带的不是一个班，而是两个班，一个是学生班，一个是家长班，所以家长也应该是学校的重要组成部分，今后家长会更加积极地投入到孩子的家庭教育工作中，同学校、老师一起努力，让每个孩子都健康、快乐地成长。

家长开放日活动促进了家长与学校之间的沟通，增进了学校、教师和家长之间的相互理解、信任、支持与合作，统一了家校育人理念，打造了更为良好

的育人环境。

2.以家长会为契机，了解学校、老师和学生

学校每学期召开一次家长会，每次家长会分为全校和班级两个部分来召开。学校通过全校家长会传达学校育人理念、本学期工作重点以及需要家长关注孩子成长的要点。近三年，学校就以"教育需要一致""发挥正干预，助力学生成长"等话题组织家长进行沟通。在本学期刚刚过去的家长会中，学校结合家长在家庭教育方面的困惑，请来专家以"如何做智慧父母"为主题进行家教讲座，家长收获很大。语数英老师参与班级家长会。家长与教师面对面沟通，了解孩子的在校情况、心理状态等。通过交流，教师也进一步了解学生的家庭情况，以便更好地处理班级内部问题，解决个体问题，增进班级凝聚力。

老师们还在家长会的形式和内容上进行创新。座谈、活动课、小组汇报、经验分享等丰富的形式让家长感到家长会是温馨和谐的。赵楠老师为了增进亲子关系，设计了母（父）子（女）互写一封信的环节，让家长大为感动。赵老师还打破"我讲你听"的试卷分析方法，将一份细致系统的试卷分析，学生半学期的情况介绍，以及解决问题的方法以文字的形式和家长进行沟通。这样的一份报告逻辑性强、理论性强、更有说服力，让家长看到了老师的专业性和对学生的用心。

3.以"家教小沙龙"为抓手，提高个性化指导水平

针对一些比较小众、个性化的问题，学校组织家长开展家教小沙龙活动。在沙龙活动中，家长们进行有针对性的讨论，有经验的家长还分享自己的教育小妙招，专家及时给出专业分析，这种形式既有理论引领又落脚于生活实际，家长们受益匪浅。

针对孩子在学校注意力不集中、不能融入班级整体学习氛围的现象，"家教小沙龙"请专家引导家长们从遗传、怀孕情况、生产方式等先天因素进行交流，之后又引导家长们从父母关系、教养方式，父母性格、过往创伤等方面继续深入交流，最后，专家教给家长训练注意力和时间管理的方法。"家教小沙龙"提高了对个性化学生的指导水平。

4.以各种活动为载体，体验学校教育理念

在学生成长的关键时期，如入队、新生入学、毕业典礼、各种节日庆典、

学校重大活动等，学校都邀请家长参加，让家长在参加活动中感受学校在教育孩子方面的成效和学校育人理念。在"六一"游艺活动中，学校开展了亲自体验活动，学生家长共同参与知识问答、小游戏、猜谜语、节日表演等活动。通过活动不仅提升了家长的综合素质，也增进了亲子感情。学校还开展"护苗"活动（在上放学时段，家长协助教师组织学生有秩序进出校门，在指定地点散队，维持校门口周边秩序，保障学生安全），家长在参与活动的过程中，亲身感受了学校对学生安全的重视与细心，感受到学校一切以学生为中心的教育理念。

二、叩开"家门"，共议育人良策

（一）做好新时期家访

家访，顾名思义，就是教师到学生家庭里访问。教师通过家访与家长沟通情况，交流感情，密切关系，商讨共同教育学生的方式方法。

我校教师有家访的传统。从新接班的电话家访，初步了解学生及其家庭，到安排好时间有计划地进行家访，教师们通过家访针对学生特点对家长提出家庭教育指导建议，与家长建立了信任。

针对我校学生家庭住址分散的特点，学校开展"家庭住址分散背景下的新家访的探索与实践的研究"，通过实践，教师们探索出新家访形式。

1.亲子活动课，解决家长共性问题

苏霍姆林斯基说："教育的效果取决于学校和家庭的教育影响的一致性。如果没有这种一致性，那么学校的教学和教育过程就会像纸做的房子一样倒塌下来。"如果处理不好家校之间的关系，我们不能顺利开展教育工作事小，对学生的教育不利事大。因此，每当遇到因为教育不一致而对学生教育不利时，教师们就通过一次亲子活动课，针对相关主题，进行一次集体家访。

例如，亲子主题活动课《让我们都来"笑""孝"》，教师通过对学生的调查，发现进入中年级后，学生的心理发生了变化，但母亲的教养方式和沟通方式却没有跟上，所以学生和母亲间出现了一些矛盾，而学生又不具备化解这些矛盾的能力。因此，在这节课上，教师引导学生学会沟通，懂得尊敬父母就是传统美德——"孝道"的具体表现,并设计亲子活动,教育孩子的同时,也教给家长亲子沟通的教育方法。

亲子活动课一下子拉近了教师与家长间的距离,使家长对教师产生信任感。教师在40分钟内完成了40次家访,变一对一家访为一对四十的群访。这种"新家访"方式让分散在四面八方的家庭通过活动这个载体相聚在一起,共同交流学生的教育问题,因而大大提高了家访的质量和效率。

2.改变沟通场所,进行一对一家访

针对个别学生的问题,教师有时就需要坐下来和家长面对面谈。每当这个时候,教师就事先和家长约定时间,再找一个适合的场所,与家长倾心交流。古槐下,书吧里,都是能减轻家长心理压力,营造良好沟通氛围的好场所。我们通常在这里商量对孩子教育的方式和方法。

有时为了不给家长造成过大的心理负担,教师不提前通知学生和家长,而是在送路队的当口,"故意"碰上某位家长,和他聊聊。看似随意的聊天,其实是精心准备的一次家访。教师们习惯将这样的沟通场所称为"中间地带"。它给予家长极大的空间和尊重,让家长在心理安全的前提下进行沟通,这样的家访才能事半功倍。

(二)办好家长学校

2015年10月教育部颁布的《教育部关于加强家庭教育工作的指导意见》中明确提出,要充分认识加强家庭教育工作的重要意义,进一步明确家长在家庭教育中的主体责任,以及充分发挥学校在家庭教育中的重要作用。在这种背景下,学校以此文件为指导思想,以"协同育人,共育四乐少年"为目标,以项目推进为路径,系统提升家长的育人能力。

2018年,"家校合作,共育四乐少年"正式立项。在项目驱动下,学校首先将家长学校纳入学校工作的总体部署。经过前期调研,组织专家团队,聘请专业人士,针对各年级家长需求设置具体的有针对性的家庭教育课程:一年级《防近视,控肥胖》、二年级《做懂教育的父母》、三年级《提升注意力,让孩子作业更顺利》、四年级《营建和谐亲子关系》、五年级《如何做智慧父母》、六年级《平稳过渡,悦纳成长》。结合入学新生家长特点,在学生入学前,首先请新生家长走进家长学校进行培训。《新起点,新助力,你准备好了吗?》

让家长明确了幼小衔接应该注意的问题以及家校合作、家庭教育的重点等。精准的培训让家长们收获颇丰，他们感受到科学家庭教育的重要性，都觉得不虚此行。

疫情期间，家长学校开启线上"云"课程，从防疫健康、习惯培养、学习方法、心理健康等方面，设计17节课程，助力居家学习新样态。

家长学校系列课程，针对家长们关心的问题进行逐一解惑，转变家长教育观念，引导家长主动学习和掌握科学的教育方法，自觉履行家庭教育的职责，引导广大家长以良好的思想道德修养为子女做出表率。家长学校有效提升了家长实施家庭教育的能力和水平，提升了学校内涵发展动力。

三、叩开"心门"，共建育人之路

所有活动和课程最终都落脚在立德树人上，这是学校上下达成的共识。育人是教师教育的终极目标。让家长叩开"校门"，让学校叩开"家门"，其最终目的就是形成彼此信任支持的教育合作，更好地打开家长与学校之间的"心门"，共建育人之路。

（一）"家长课堂"，打开家校共情之门

学校聘请家长走进学校，为班级或者整个年级的学生开设家长课堂。讲授内容从礼仪到文明，从良好习惯养成到远大目标实现，从预防疾病到身体健康，从自我保护到法制安全……家长们精心备课，丰富多彩的知识开阔了学生的视野，丰富了学生的课堂生活。有的班级家委会还举行以亲子读书为主题的系列"家长课堂"，整个活动由教师和家委会共同策划，每两周利用班会时间开展。一位家长在授课后在班级群里这样写道："今天给孩子们上了阅读课，宝贝们都非常积极。但请接下来上课的家长注意：孩子注意力集中的时间大约为25分钟，设计内容要适中。再有，通过今天上课，我感到老师们太不容易了，上一节课需要做很多事，还要随时组织课堂纪律。"家长进入课堂，带领学生读书的同时，进一步了解了自己孩子和班级情况，同时体会到了教师的不容易。家长的理解与共情，成为学校教育的有力保障。

（二）教师课程，打开家校沟通之门

面对越来越自信、个性的"00后""10后"，很多资深教师也颇感压力，而面对学历越来越高的家长群体，不少年轻教师经验尚显不足，难免出现畏惧情绪，深感自己现有知识经验不能满足新时代需要。这就需要学校带领教师从理论到实际进行深入学习，了解家长的心理及需要，学会沟通。

面对这一需求，学校依托"家校合作，共育四乐少年"项目平台，实施教师素养提升计划，邀请德育家校专家进校讲座培训，针对如何提升教师与家长的沟通技巧和应对突发情况的能力，开设魅力教师之教师非专业化教学技能和教师实用心理学培训课程。

学校聘请专家多次走进学校对教师进行指导，在有效提升教师理论水平的同时，还提高了他们解决实际问题的能力。例如，通过聆听"家校沟通"的系列专题讲座，教师们学会了与家长沟通的策略与方法。学习完"积极心态和谐家校共育"这一讲后，教师们明白了，针对个别学生，要积极从心理层面进行分析。也许学生行为背后隐藏着许多如原生家庭、早期创伤等心理上的问题。接下来在遇到学生的这种问题后，教师们不再急躁，而是首先静下心来思考行为背后所蕴含的东西。教师在理解家长心理的前提下，再与家长沟通，寻求解决问题的途径，对症下药。学校邀请专业心理咨询师为教师们进行心理辅导，通过沙盘操作、角色扮演、互诉衷肠等形式，化解教师在家校合作过程中的心结。

不断地努力实践换来的是教师们观念的转变，教师们不再怨天尤人，而是积极学习，在调整心态的同时，学会换位思考，运用专业与智慧与家长进行沟通，寻找家校合作的最优途径。

四、叩开"社会教育大门"，构建家、校、社协同育人格局

除了家校协同，我校还积极利用社区教育资源，对学生进行多方面的主题教育，有效补充学校和家庭教育在这方面的缺失。学校连续两年邀请通州区环保局的工作人员到校为学生讲解环保知识；积极邀请北苑街道、中山街社区工作人员进校为学生进行垃圾分类的指导；邀请消防工作人员为学生系统讲解消防知识；邀请潞河医院李主任为学生进行"预防狂犬病"的介绍。这种学校、

社区、校外志愿者走进校园的育人方式，深受师生喜爱。学校也逐渐构建起家、校、社协同育人格局。

在协同育人过程中，学生丰富了知识，增长了见识，提升了综合素养；家长参与教育教学，学习教育常识，展示自己，形成和谐的家庭关系，养成良好家风；教师获得专业成长，能够更好地投身教学。

在这种和谐的协同育人氛围下，家长对学校更加认可，在通州区"创城"满意度调查中，家长们给学校打出了高分。

反思几年来我校家校育人的工作及成效，我想正是因为学校构建起家校协同育人的机制，营造了学生、教师、家长共同成长的健康生态，所以激发了家校协同育人的无限活力。今后，我们会继续探索协同育人的有效途径，构建家校合作育人新生态，努力为培养德智体美劳全面发展的社会主义建设者和接班人做出贡献！

第六部分

北京市通州区官园小学篇

北京市通州区官园小学建于1987年，现有26个教学班，学生1 160人，教职工89人。学校在市、区教委的关怀、领导下，以"一切为了孩子健康成长，创建人民满意学校"为目标，坚持"人才强校、内涵发展、优化资源、开放创新"的办学思路，牢牢把握北京城市副中心的战略定位，以立德树人和学生的核心素养发展为根本，培育和践行社会主义核心价值观，深化中华传统文化和传统美德教育，打造"悦读教育"品牌，提升学生学习质量和教师队伍建设水平，实现学校教育现代化，促进学生健康成长和全面发展。

开展国学启蒙教育　营造良好教育生态

李春葵

四川师范大学李里教授说："国学，中华民族固有之学问也。"国学是中华民族优秀传统文化的核心价值体系，中华民族因为自己博大精深的文化而存续！国学经典也为我校深化"悦读教育"特色开辟了新的途径。我们将国学教育融入课程体系中，与三级课程整合，创立综合性课程文化，探索国学启蒙教育课程校本化的实施途径与方法。通过国学启蒙教育营造教育生态化之道，让更多教师受益，让更多孩子受益，让更多家庭受益！

一、将国学启蒙教育与国家课程整合

国学启蒙教育跨越德育、智育、美育等范畴。我们将国学启蒙教育课程融于国家课程教学之中，使二者相得益彰。

（一）国学启蒙教育课程与学科课程相结合

在各学科课程中，我们结合学科特点适当融入国学启蒙教育的内容，将国学启蒙教育课程与语文、音乐、美术、信息技术、道德与法治、品德与社会、科学、数学等多学科整合在一起：语文教学中适时向学生推荐传统经典范文、诗词，促使学生博览国学经典；音乐教学中融入中国古典音乐欣赏；美术教学中注意体现民族特点，充分发扬我国民族、民间优秀的文化艺术传统；写字教学中，把国学知识和书法结合在一起，使原本枯燥的书法学习变得有滋有味；品德与社会教学中，《弟子规》《三字经》更是配合有效教学的必备教材。

（二）国学启蒙教育课程与综合实践活动相结合

在国学启蒙教育课程的实施过程中，我们始终坚持面向学生的生活世界，超越课本知识学习的局限，引导学生从生活、社会现实中提出问题，制定活动主题，开展体验、实验、探究等学习活动。学校定期开展国学教育集体实践活动，通过国学教育专题讲座，观看国学大师讲座录像，拜读经典国学作品，开展国学论坛等形式让更多的学生走近国学，了解国学，提高学生的国学素养。学校还围绕"忠、孝、礼、仪、廉、耻"等主题开展系列国学教育实践活动，传承中华美德。

二、将国学启蒙教育课程与地方课程整合

通州历史文化悠久，这块古老的土地向来是文脉蔚然、古韵萦绕。千年底蕴形成通州特有的运河历史地域文化，而这也是我们开展国学启蒙教育不可多得的宝贵资源。在地方课程中，有很多内容是结合本区地域特点编写的，我们抓住这些特点，开展国学教育读书活动。例如，地方课程中有《家乡的河流》一课，我们以"走进运河"为题，开展了特色国学启蒙教育读书活动。我们引导学生阅读《运河书库》的文章，观看电视剧《漕运码头》，组织学生参观燃灯塔、三教庙、运河文化广场、八里桥等重要人文古迹、历史景观，让他们感受运河文化的深厚底蕴。接着我们组织学生查找三方面资料：第一，地理类，包括大运河的地理位置、流经地区、运河风光、京杭大运河历史与时代变迁、旅游资源、治理与保护等；第二，名人类，以大思想家李卓吾为代表的名人文化；第三，民俗类，以花会、庙会、旱船、高跷等为代表的民俗文化等。然后引导学生从运河文化的历史意义及如何弘扬运河文化等方面，提出问题，确定研究主题，分组进行研究，制定本组的"大运河申遗国学提案"。在研究结束后，我们把辞赋名家金学孟的《大运河颂》送给学生，"取钱塘之一瓢，弥京津之波兴；启鸣笛之南下，载棉绒之锦梦。辉兮，煌兮，复我兴盛！煌兮，辉兮，还我春梦！……"，让课堂留有余味。

三、将国学启蒙教育课程与校本课程整合

文化是一个民族的标志和灵魂，让国学启蒙教育走进校园，走进课堂，才能真正找到中华民族的精神家园。我们把国学启蒙教育课程纳入课程体系中，将其作为学校校本课程的重要内容，每周有专门的课时，确保时间落实。我们有专门的教师为学生讲授《弟子规》《三字经》《千字文》《论语》《中国古典诗词欣赏》等我国传统启蒙教育课程，力图以国学启蒙教育校本课程的开展进一

步深化"悦读教育"办学特色，张扬学生个性，让更多的孩子接受传统文化的熏陶，弘扬民族文化精神。

实施国学启蒙教育的思路是：读（背）、思（悟）、行（用）、教（说），读思同步、知行合一。

1. 读要充分

读要充分，方式多样，包括循规蹈矩读正确，教师范读、教读、借拼音读、突破难点读、去掉拼音读、"开快车"读、五花八门读流利，男女对读、做"声音电梯"读、做健康手指操读、变换节奏读、自由展示读、摇头晃脑读、拍手读、唱读等。我们提倡学生练"背功"，大量积累，才能适时激活。

2. 思要渐进

国学经典以读诵为主，在熟读的基础上逐渐引发学生思考。思是说、读、写、做的关键。同是读诗各有不同，我们要让学生学会区分朗读与默读，引导学生逐渐积累，使他们逐渐将国学经典内化、自省。

3. 行要具体

开展国学教育的目的就是传承国粹，陶冶性情，指导行为，开发智能，提高素养。除诵读国学经典之外，我们还要让学生学会应用，把国学教育转化为道德修养和人文素养。在学习国学课程的同时，我们注重引导学生慢慢付诸实践，让他们从小做起，从小事做起，从身边事做起。我们要让学生在潜移默化中养成孝顺长辈、诚实守信、仁爱待人、知礼谦逊的美德，拥有温文尔雅的气质，达到明理、正行的目的。

4. 教要有法

教师教学策略：导、点、熏。"导"即导思、导法，领进门，带上路；"点"即点拨、指点、点燃、点化、点评，把握好"点"的时机与分寸；"熏"即身教胜于言教，教师首先要提高自身国学素养，再用自身的国学素养熏陶感染学生。

（1）注重方法的适切性，增强国学启蒙教育课程的实效性

为充分调动学生读书的积极性，我校采用的方法有："国学大王教你读国学"的专题广播、国学主题汇报、"精彩两分钟"国学介绍、"猜猜看"国学知识竞赛等。我们通过读经典、讲故事、观察体验、写国学日记等形式，让学生

从内心深处感悟国学，促进他们对国学经典的诵读与多元智能的协调发展。在国学校本课程的实施过程中，我们创造各种方式调动学生参与学习的热情，教师们探索了诵国学、唱国学、演国学、论国学、用国学等多种形式。在诵读国学经典的同时，教师引导学生学以致用，让学生将其内化为道德修养和人文素养。"父母呼，应勿缓，父母命，行勿懒……"，《弟子规》教给学生做人的准则，每次学习后，教师们都要求学生在生活中实践应用，这进一步加强了对学生的品德生活的教育引导。

（2）注重标准的渐进性，调动学生学习国学的积极性

我们注重探索多种评价方式，如活动评价法，围绕国学启蒙教育课程开展多种活动，包括"四会"，即国学故事会、名句推荐会、经典欣赏会、国学诵读会等，在活动中评价学生的阅读情况。再如作品展示法，定期开展国学读书笔记、国学手抄小报的交流展示，充分利用图书角、黑板报、学习园地等展示学生们的阅读成果，将评价贯穿于国学读书活动的始终。学期末，我们对国学学习中表现突出的学生授予"国学之星""国学小博士"等。这些活动，学生可根据自己的读书水平选择性参加，逐步提高。各项国学读书活动的开展，给学生搭建了展示国学学习成果的舞台，培养了学生读书的兴趣，同时学生的口语表达、思维、归纳概括等能力均得到了全面发展。

国学大师文怀沙说：几千年的中国传统文化就是"精神的氧气"。国学启蒙教育的开展成为我们更好地落实三级课程的桥梁和纽带，今后，我们将继续坚持通过三级课程的开发、融合，传承、弘扬国学精神，营造良好的教育生态，提升学校办学品质！

"悦读·树德"德育校本课程目标内容体系的创建

杨瑞勇

一、创建背景

当前,我校的德育校本课程实践中还存在着无顶层设计、内容分散、讲授形式单一的问题。在以学生为本,形成适合学生健康成长的德育生态环境,全面落实立德树人根本任务方面我校还有很多不足。为了进一步加强对学生的心理健康、人格养成、劳动素养、公民素养、文化自信、国家意识、生态文明等思想道德和行为习惯的养成教育,学校结合自身"悦读教育"办学特色和学生德育发展需要,构建了比较系统的德育校本课程目标体系、内容体系、操作性强的实践案例和评价体系。学校通过这些措施以促进德育目标落地,打造健康向上的德育生态系统。

二、创建目的

(一)落实立德树人根本任务,培养担当民族复兴大任时代新人的需要。

党的十九大明确提出:"要全面贯彻党的教育方针,落实立德树人根本任务,发展素质教育,推进教育公平,培养德智体美全面发展的社会主义建设者和接班人。"学校作为育人的主渠道,应回答好"为谁培养人、培养什么人、怎样培养人"这一教育的根本问题,着力构建方向正确、内容完善、知情意行、综合实践、螺旋提升的特色育人课程,突出育人的时代性、科学性、实效性,以达到立德树人,为党培养新时代少年儿童的工作目标。

(二)回应社会发展的育人需要

社会的发展离不开教育的优先发展。面对课程改革新形势,我们要引导学生自觉践行社会主义价值观,培养学生负责的生活态度,使学生具有创造意识和能力，善于发现和探究，具有参与社会实践的能力，具有社会责任感和生态伦理意识，能够与周围环境和谐相处。使人才培养与社会发展相适应，这成为基础教育课程改革的核心命题。我校开发的"悦读·树德"德育校本课程内容体系回应了社会需要。我校结合立德树人和核心素养内在要求，开发出适合小学生年龄和心理特点、目标明确、重点突出、讲求策略、因时因地、因人制宜的校本化德育课程实践内容，形成可操作的德育主题案例来培养人、塑造人。

（三）适应学校内涵发展的需要

学校1987年建校伊始就将读书活动作为学校的办学特色。2011年起，学校开展了为期五年的"深化小学生阅读特色实践"课题研究，提出了"悦读点亮智慧人生"目标，旨在遵循教育规律的前提下，开展符合基础教育功能定位和本质需求的教育，致力于鼓励学生用快乐的心去阅读，在"悦读"中感悟生命、品味生活、开拓视界、启迪心界、塑造境界，为学生的终身发展奠定良好的基础。"悦读"是培育心灵重要而有效的手段，它能滋润学生的心灵，同时能够培养学生良好的学习习惯和思维品质，适合学生未来发展需要。

官园小学所处通州区作为丰富的地域文化资源与城市副中心功能定位碰撞交融交汇地，为学校德育带来新的机遇与挑战。在多年形成的阅读传统基础上，学校坚持在党的全面领导下，立足本校实际，梳理自身文化特质，从"悦读教育"出发，旨在培育学生必备品格和关键能力，凸显适应学生终身发展和社会进步所需要的核心素养，构建"悦读·树德"德育校本课程目标内容体系和德育课程案例设计，形成适合学生健康成长的德育生态系统，以适应学校内涵发展需要。

三、创建内容

依据所制定的德育校本课程目标，学校坚持课程育人、文化育人、活动育人、实践育人、管理育人、协同育人与智育、体育、美育、劳动教育有机结合，构建全员、全过程、全方位育人格局，培养悦己纳人、遵纪守规、爱国爱家、珍爱生命、珍惜环境、具有科学思维和创新精神的新时代好少年，让学生在实践体验、亲历感悟中增强体验、体悟和体认，实现知行合一，提升德育实效。学校构建与自我、与他人、与社会、与自然和谐的、全面、可持续发展的良性德育生态系统，培养有理想、有本领、有担当的时代新人。

德育校本课程围绕三大领域、八个具体目标，遵循能力螺旋上升的发展逻辑、维度的内容，根据学生年龄特点逐级递进构建了课程目标体系。

官园小学德育校本课程目标体系

德育领域	培养目标	第一学段（1~2年级）	第二学段（3~4年级）	第三学段（5~6年级）
人与人（人与自我、与他人）	心理健康	1.对自我有清晰的认识，可以清楚地表达感受和需求； 2.敢于拒绝，学会求助，能够保护自己；自信乐观，乐于展示自己； 3.能够适应小学的新环境	1.理解自己，能够客观地分析、评价自己； 2.正视挫折与困难，能够通过自己和他人的帮助解决问题； 3.在学习、生活中阳光自信，善于缓解低落情绪； 4.在交往中善于接受批评、接纳他人、约束自己	1.悦纳自己，能够在反思中提升自己； 2.面对各种诱惑有较好的判断力和自制力； 3.做事坚持，持之以恒，有克服困难的意志力； 4.善于控制自己的情绪
	人格养成	1.热爱学习，乐于思考，会听讲，养成阅读的习惯； 2.能够初步做好生活、学习方面的自我管理； 3.文明有礼，乐于沟通，友善同学； 4.诚实对人，守时守规，学做己事； 5.有爱心，学会感谢，勇于承认自己的错误	1.主动学习，善于思考，养成预习复习的习惯； 2.生活节制，生活、学习方面能够做到自我管理； 3.礼让他人，学会交往合作，真诚待人，乐于助人； 4.诚实守信，遵守规则； 5.富于同情心，关爱伙伴，心怀感恩，知错就改； 6.初步具备道德判断的能力	1.学有所长，善于反思，具有良好的学习习惯； 2.生活规律，学习、做事有计划； 3.宽容仁爱，善于合作，心怀集体，乐于奉献； 4.懂得互相帮助，关注和扶持弱势，懂得感恩； 5.具有独立的道德判断能力
	劳动素养	1.感知劳动的乐趣，具有劳动的热情； 2.具有自理能力，能够完成个人物品整理、清洗； 3.珍惜劳动成果，养成良好的消费习惯，杜绝浪费； 4.具有劳动安全意识	1.具有劳动自立意识，热爱劳动，树立劳动光荣的观念； 2.能够积极参加班级、家庭集体劳动； 3.尊重劳动，自觉维护环境卫生； 4.能够安全、规范地进行劳动	1.具有劳动责任意识，理解劳动的价值和意义，能够自觉劳动； 2.能够积极服务他人，参与学校、社区、社会等公益劳动； 3.不畏劳动艰辛，诚实劳动； 4.能够创造性地开展一些劳动

续表

德育领域	培养目标	第一学段（1~2年级）	第二学段（3~4年级）	第三学段（5~6年级）
人与社会	公民素养	1.基本能够遵守各种公共场所的活动要求和安全要求； 2.热爱集体，爱护公物； 3.初步学会在事故灾害中自我保护和求助、求生的简单技能； 4.学会正确使用和拨打110、119、120电话； 5.学习道路交通法的相关内容，了解道路交通安全常识； 6.养成良好的个人卫生、健康行为及饮食习惯	1.能够遵守各种公共场所的活动要求和安全要求； 2.遵纪守法，体会责任； 3.维护集体，尊重社会； 4.培养遵守交通规则的良好习惯，形成主动避让车辆的意识； 5.形成良好的个人卫生和健康的饮食习惯； 6.形成调解同学之间纠纷的意识，形成在危及自身安全时及时向教师、家长、警察求助的意识。 7.初步了解吸烟、酗酒等不良习惯的危害，知道吸毒是违法行为，逐步形成远离烟酒及毒品的健康生活意识	1.自觉遵守各种公共场所的活动要求和安全要求； 2.遵守规范，维护社会秩序，服务社会； 3.了解关于交通的法律法规； 4.了解青少年保护法； 5.了解宪法等国家重要法律的基本内容； 6.学会有效躲避事故灾害的常用方法和在事故灾害发生时的自我保护和求助及逃生的基本技能
	文化自信（历史文化、革命传统、时代精神）	1.知道中国的传统节日和习俗； 2.知道中国大运河成功列入《世界遗产名录》，认识通州区非物质文化遗产； 3.了解一些关于运河的历史故事和传说； 4.了解一些革命先烈的故事； 5.能说出1~2位通州区的新时代楷模及其主要贡献	1.能够讲解中国传统节日和习俗，增进对传统文化的认识和理解； 2.体验和学习通州区的传统艺术，培养对传统文化的兴趣； 3.能够讲述一些关于运河的历史故事和传说； 4.主动学习和了解革命先烈的事迹，能够表达对革命先烈的敬仰； 5.学习新时代楷模事迹，树立榜样	1.主动宣传中国传统文化和习俗； 2.增进对传统艺术和艺人的了解，认同传统艺术的伟大和智慧； 3.能够主动宣传一些关于运河的历史故事和传说； 4.树立传承革命先烈精神的志向； 5.感受并认同通州的运河文化和精神
	国家意识	1.认识国旗国徽和中国地图，牢记"我是中国人"； 2.升国旗奏国歌时肃立，会唱国歌，正确行礼； 3.了解军旗、军徽、军服、军歌等相关知识，初步了解中国人民解放军； 4.初步了解国家的基本情况和国家大事	1.能够初步辨识祖国的疆域，知道台湾、钓鱼岛是中国领土，领土神圣不可侵犯； 2.了解祖国的近代历史和英雄故事； 3.深入了解中国人民解放军的整体情况，热爱中国人民解放军； 4.能够交流分享所了解的国家大事	1.心仪祖国，懂得维护祖国的尊严是每个人的义务； 2.关心时事，了解祖国发展的最新动态； 3.了解国防法，具有一定的国防精神和国防意识； 4.了解国防装备和武器，具有国家安全意识

续表

德育领域	培养目标	第一学段 （1~2年级）	第二学段 （3~4年级）	第三学段 （5~6年级）
人与自然	亲近自然	1.感受自然的美好，热爱自然，赞美自然； 2.了解自然对人类生活的影响； 3.爱护生物，珍爱生命	1.走近自然，欣赏自然，发现自然的美好； 2.理解人类与自然之间的相互关系； 3.爱护生命，节约资源	1.了解自然，敬畏自然，尊重自然规律； 2.反思人类与自然之间的关系； 3.珍爱生命，珍惜环境
	保护自然	1.初步了解环保的相关行为规范； 2.初步了解垃圾分类的基本常识	1.能够参与学校、社区等的一些环保活动； 2.能够进行垃圾分类	1.理解可持续发展理念； 2.能够与他人合作开展环保活动； 3.能够制订家庭垃圾分类方案

巧用动态资源　成就精彩课堂

崔淑伶

课堂教学是一个动态的不断发展的过程，而理想的课堂又是师生真实的互动过程，是动态生成的教学推进过程。这个过程既有规律可循，又有灵活的生成性和不可预测性，是一种渐进的、多层次和多角度的非线性序列，它不可能完全按照预先设定的程序前进，经常会产生一些意料之外的新信息、新方法等。因此，教师应该树立动态生成的教学资源理念。正如叶澜教授所说的："新的课堂需要我们不断捕捉、判断、重组课堂教学中从学生那里涌现出来的各种信息，推动教学过程在具体情境中动态生成。"下面我结合教学中的点滴经验，谈谈个人的看法。

一、捕捉信息，果断决策

"课堂应是向求知方向挺进的旅程，随时都有可能出现意外的通道和美丽的风景，而不是一切都必须遵循固定的路线而没有激情的行程。"课堂教学过程是一个师生间动态的多种因素相互作用的推进过程。在课堂教学中，学生的各种信息都会在不经意间传递给教师和同学。这些信息有些是教师在备课时已经预料到的，而有些却是教师根本无法预见的。当然，这些信息也并不见得都是有效的。判断生成信息是否有效是捕捉有效的生成性资源的基础和前提。教师要想准确判断课堂，必须深刻地研究教材，明确教学目标，对整个教材和课堂的把握要了如指掌，任凭学生如何"翻腾"均能应对自如。只有这样，教师才能对众多生成的不确定信息做出去伪存真的判断。当然，也不是说判断了就一定能抓住有效生成的资源，教师还需要有足够的教学机智，能够果断地进行决策，随时对生成的信息进行取舍，然后充分地运用好这一信息，灵活机动地开展教学活动。

在这学期的校级汇报课上一位教师在教授《9加几》一课时，是这样进行的：先创设问题情境，再出示例题"9+5"，然后让学生独立思考，进行计算，接着汇报计算的方法。

生1：我是用数的，从9开始数5个数，就是14。

生2：我是用小圆片摆的，得到9+5=14。

生3：我是先算10+5得15，再用15-1=14。

生4：我是先把5分成1和4，9+1=10，10+4=14。

这时，教师就让其他学生把生4的算法再口述一遍，并且边算边板书"凑十法"的过程。

上述教学，教师把"凑十法"作为《9加几》教学的一种重要而唯一的方法传授给学生。表面上看，学生已经学会了计算的方法，但令人遗憾的是，教师没有很好地利用学生的生成性资源。其实，除生1外其他学生的每一种方法都有一定的价值。生1的方法是学生实际能力的一种体现，应该说也是难能可贵的。生2的方法非常直观形象，适合低年级学生的认知规律，可是由于学生没有完整经历动手操作、形象感知的过程，所以生2在抽象概括时，其他学生显得有些被动。我认为，教师应该抓住这个难得的机会，果断决策，让生2展示摆的过程，并说说怎样摆，这样学生就会很快明白9+5为什么等于14，也可以让全班同学一起摆一摆。生3的方法也是非常难得的，教师应该精心呵护，当然，它与"凑十法"有一定的联系，教师通过引导，也完全有可能得到"凑十法"，而这一切都被教师忽视了。因此，教师对生成资源要防止从一个极端走向另一个极端，并不是说生成什么就利用什么，也不是立即搁置，而是进行有效取舍，为我所用。

二、善待"意外"，耐心等待

在学习的过程中，学生是带着自己的知识经验、思考灵感参与课堂的。因此，课堂上出现"意外"或"奇思妙想""奇谈怪论"都是正常的。教师在面对这些意外时有两种不良倾向：一种是担心"意外"让自己下不了台，担心"意外"会改变原有教学设计的严谨和流畅。因此，有些教师对意外视而不见。其实，这是违背教学本质的做法。另一种是相对于传统教学教师过于强调预设，担心意外，忽略生成。在课堂上，有的教师过于突出、放大生成性信息，把一些意外小题大做,这样做的结果非但不能锦上添花,反而使教学南辕北辙,无功而返。因此,教师要以一种平常的心态去善待课堂中的"意外",真正树立"以学生的发展为本"的理念,学会耐心等待,留给学生足够的时间和空间,让课堂成为学生的生命历程,让学生在课堂中焕发生命的活力。

例如,在教学《两位数减两位数退位减法》一课中,出示例题"53-17"后,我要求学生独立计算后进行汇报。大家畅所欲言,纷纷说出了许多种计算的方法,教师和同学对这些方法一一做了评价。这时,一位平时不太爱说话的学生站起来说:"7-3=4,……"也许是有些紧张,他一时说不下去了。下面的学生议论纷纷:"7-3,倒过来减可以吗?肯定是错了。"还有些学生发出了叽叽喳喳的嘲笑声。我连忙示意全班学生静下来,并且说:"他还没有说完呢,我相信每个人都有自己的想法,慢慢来,请接着说。"这位学生又接着说:"7-3=4,50-4=46,46-10=36。"绝大多数学生将信将疑,我也一下子愣住了,倒着减的算法引起了学生们的好奇心。是把学生拉回到自己预设的程序中来,还是顺着这个学生的思路,调整教学程序?"这种算法到底对不对?我们请他仔细地说一遍好吗?"这位学生解释说:"个位3减7不够减,用7减3等于4,就是说3减7不够,还差4,再从50里减去4得46,最后再减10得36。"这时,大家基本形成了共识,认为这种算法是正确的。虽说不是很简单,但我仍然肯定了这位学生的创造性。

上述教学过程中出现了"令人头疼"的"意外",在教师的真诚鼓励和耐心等待下,竟然也出现了意想不到的精彩。在新课程的理念下,"意外"的出现是必然的,它不一定是坏事,也可能是好事。"意外"是课程的生长点,是好课的亮点,"意外"能让人眼睛一亮,让人怦然心动。让我们学会善待这些"意外",发现"意外"背后隐藏的教育价值,用真诚耐心等待,给学生思考的空间、表达的机会,使课堂生成"意外"资源,让学生个性飞扬。

三、关注错误,巧妙点拨

在学生生成的基础性资源中,学生的正确答案、精彩的见解、独特的解题方法往往非常容易引起教师的极大关注,而学生在学习过程中出现的错误往往比较容易被教师忽视甚至遗忘。其实,每个学生都有丰富的生活经验和知识积累，都有自己的生活背景、家庭环境。在这种特定的社会文化氛围下，他们会出现不同的思维方式和解决问题的策略。特定的社会文化氛围也会导致学生的知识水平和接受能力出现差异。因此学生在课堂中出现这样那样的错误是难免的。有的教师通常只看到错误的消极方面，所以千方百计避免或减少学生出错，而事实上往往事与愿违，处置不当会挫伤学生的积极性和自尊心。当然，教师也要注意防止走向另一个极端，因为课堂教学是有时间规定的活动，教师不能把学生所有的错误都当作资源，尤其是在课堂上，教师要有当堂解读学生错误以及判断其与教学相关性的能力，有选择地利用错误资源。

因此，教师要树立正确地对待错误的观点，充分认识错误在学生成长中的积极意义，把错误当作一种有效的教学资源。面对学生的错误时，教师要因势利导，让错误为开展教学活动、解决教学问题服务，变错误为资源，化腐朽为神奇。

我曾听过特级教师吴正宪执教的《分数的初步认识》一课，老师提供了一张长方形纸片，让学生折出1/2。于是学生很快折出了各种各样的1/2，这时，有一个学生竟然折出了1/4。老师并没有批评和责备这位学生，而是问这位学生是怎样折出来的。他说："我把这张纸对折再对折就得到了1/4。"老师接着说："这位同学真了不起！老师还没有教，就已经能创造出1/4。这时，全班学生的学习热情被激发出来，于是大家纷纷动手，很快又创造出了1/3、1/6、1/8、1/16……许多的分数，自然而然，学生对分数的意义又有了更加深刻的理解。

在上述教学过程中，学生没有按老师的要求折出1/2，很显然是文不对题，而老师以一种宽容、平常的心态，不但接纳了学生的过错，而且反其道而行之，顺水推舟，因势利导，肯定了这位学生的折法与众不同，引起了全班学生的共鸣，激发了学生的探究欲望，调动了学习积极性，使全班学生信心百倍地投入学习当中，取得了良好的教学效果。在这里，错误在老师的巧妙转化下不仅被活化为教学资源，而且成了学生学习的催化剂，其效果是显而易见的。

四、直面尴尬，化解矛盾

课堂教学是开放的、多向的信息交流活动，课堂教学的情况千变万化，生成信息稍纵即逝。从中不难看出，教学具有动态性、不确定性。在开放的课堂教学中，师生都处于多元变动之中，教师需要对因师生多元互动而产生的不确定因素进行判断、选择、重组，使课堂教学过程向纵深推进，从而促进教学的动态生成。课堂中出现的偶发事件多种多样，令人难以预见，有时经常令老师手忙脚乱，甚至到尴尬的境地，但这些都是正常的。我曾经看到这样一篇文章，文中写到老师在不透明的盒子中放入一个白球和一个黄球，让学生摸球，结果学生连续六次摸到白球，这令老师非常尴尬和不安。直到第七次摸到黄球，老师提着的心才算放了下来。看了该文，令我确实有不少感触。

　　最近，我也遇到了类似的情况。在教授《可能性》一课时，我事先在盒子里放了5个白球2个黄球，让学生摸球，目的是让学生理解什么球的个数多，摸到的可能性就大的道理。结果，在全班10个小组中，有一个小组记录的10次摸球结果中竟然出现了6次黄，4次白。因此，这个组的同学坚持自己的观点，认为个数多摸到的可能性不一定大。面对学生的固执，要把他们说服，并不是一件容易的事。这把我推到了一个进退两难的境地，到底怎样才能让我的课堂从尴尬中走出来呢？突然，我灵机一动，让他们在全班同学面前再摸一次。于是，这个小组的同学按照原来的方法又摸了一次，果然得到了7次白，3次黄。这时他们有点将信将疑，于是我告诉他们，白球5个，黄球2个，白球比黄球多，一般情况下，摸到白球的可能性大，摸到黄球的可能性小。然后我让学生联系生活，举例说明，如买彩票中大奖，绝大多数的人是不可能中的，因为大奖的号码只有一个，中奖的可能性很小，这样学生认知上的矛盾冲突就在不知不觉中化解了。

　　在课堂中，面对偶发事件，教师感到尴尬是很正常的，这时选择逃避或强制学生接受都是不明智的。积极面对，想办法化解矛盾，才是上上之策。怎样去面对呢？首先，教师要进行换位思考，尊重学生，了解他们的真实想法。其次，要对症下药，合理引导，化解学生认知上的矛盾，也就是解开心结。最后，教师要本着平等对话的态度与学生共同协商，寻求解决问题的方法。如果教师在此教学环节能直面尴尬，沉着应付，化解矛盾，就一定会使课堂出现意想不到的精彩。

连环画　连梦想
——教育生态之远行

顾剑英

我非常欣赏这句话："如果把'生态教育'比作一次痴情教育的远行,那么远行的目标是'让每一位学生都快乐,让每一位教师都幸福。'远行的终点站便是'让每一位教师享受教育的生态,让每一位学生享受生态的教育'。"为此,我们学校开展了"连环画　连梦想"的教育生态远行活动。

一、远行背景

《义务教育语文课程标准》指出:"语文是实践性很强的课程,应着重培养学生的语文实践能力,而培养这种能力的主要途径也应是语文实践。"课外阅读就是最直接的语文实践活动,是学生形成良好语文素养的重要途径之一。

连环画是中国文化的传承,是传统美德的文化载体。连环画进入校园,进入班级,进入家庭,这对孩子阅读是一种很大的帮助。连环画有图有字,不仅能吸引小孩子的眼球,激发小孩子的阅读兴趣,还能培养小孩子的阅读习惯。连环画非常适合小学生阅读,小学生在玩、读、品的同时,充实了自己的课余生活,丰富了自己的思想,提高了自己对生活的认识,丰富了自己的精神世界,学会更加理性地看待现实问题,还能间接了解我们伟大的民族文化。

开展"连环画　连梦想"的课外阅读活动,是新课程改革的需要,是全面实施素质教育的必需。开展"连环画　连梦想"课外阅读,创设浓郁的班级阅读氛围,从而激发学生学习的内驱力。活动以培养学生的阅读兴趣和能力为核心,探索以课堂阅读为主体,课外阅读为延展的阅读教育模式,形成鲜明的课外阅读特色。学生初步理解、鉴赏文学作品,受到高尚情操和高雅趣味的熏陶,发展个性,丰富自己的精神世界,树立远大的理想,进而用自己的行动去践行自己的中国梦！

二、远行准备

（1）组建班级图书角，制定健全的连环画借阅制度。

（2）为学生选择、准备大量的适合孩子阅读的连环画。

三、远行过程

（一）加强连环画管理制度

（1）组建班级连环画图书角。在教室左前方的醒目位置设置连环画图书角。（设计意图：吸引学生的注意力，激发学生阅读连环画的兴趣）

（2）聘请5位喜欢阅读的学生当连环画管理员。（设计意图：我班共有学生41人，按1/8的比例聘请，便于学生借阅）

（3）建立健全的借阅制度。（设计意图：提高学生爱书、护书、还书的意识，保证学生都能及时阅读自己喜欢的而且非常整洁的连环画）

（4）教师根据语文教学情况和学生思想状况给学生推荐阅读材料，为学生选择合适的连环画。比如，学习《七律·长征》一课时，我推荐阅读《万里长征》《地球的红飘带》；学习《为中华崛起而读书》一课时，我推荐阅读《红色的历程》《重庆谈判》；学习《盘古开天辟地》一课时，我推荐阅读《成汤和夏桀》《弈射九日》。（设计意图：语文教师将课内外知识有机地结合起来，提高学生的阅读能力和文学鉴赏能力；班主任发现学生们的思想动向，推荐适合他们的书籍，开拓学生的精神世界和心灵空间，帮助学生树立正确的价值观、道德观、审美观，树立远大的理想）

（二）保证连环画阅读时间

（1）每周一和周五下午第三节课是连环画阅读时间。（设计意图：保证学生每周在校有两节阅读时间，做到专时专用）

（2）要求每名学生每天晚上至少有15分钟的阅读时间，老师在第二天早上检查阅读情况。（设计意图：培养孩子良好的阅读习惯）

（3）利用每天课间操回来后的空闲时间，开展"精彩五分钟"活动，安排

学生读或讲连环画故事，并由同学点评。（设计意图：督促学生阅读连环画，展示自我风采，提高学生的鉴赏能力）

（4）各种长短假期间，安排学生自由阅读连环画。学生阅读后，将连环画拍成照片，体会写成文字发到班级朋友圈。（设计意图：这种方法既可证明学生已读连环画，又能让大家分享，还能满足学生小小的虚荣心）

（5）课堂教学时，老师根据课文的内容进行拓展，组织学生阅读与课文内容相关的连环画，在课堂上进行交流、反馈。（设计意图：课内外有机结合）

（三）指导连环画阅读积累

1.教导方法

教学生阅读的方法，如怎样查工具书，如何圈点画、做批注等，帮助学生学会阅读，提高阅读效率。学生可以把连环画阅读活动中读到的好词佳句、精彩故事、心得体会如实地记录下来，每月在班级交流一次，营造阅读氛围。（设计意图：教会学生阅读连环画的方法，提高阅读连环画的实效性）

2.做好积累

要求学生准备好连环画阅读积累本，指导学生摘录优美词句、百科知识、名人轶事、成语故事、历史事件，写阅读体会。以活动促阅读，以活动促积累。形式可以是故事会、书评会、演讲会、朗诵比赛、知识竞赛、征文比赛等。（设计意图："记"是读的强化，读的深化。这样做既培养学生"不动笔墨不读书"的良好习惯，又帮助学生完成了部分积累和内化。）

3.交流体会

在学生读书有了一定收获或读完一套连环画之后，我想方设法给学生提供展示交流平台，让学生自己交流读书"成果"，让学生畅谈读书收获，享受成功的喜悦，实现自我创新。这一阶段的操作方式可以是展评优秀连环画阅读记录、连环画课外阅读知识大赛、连环画故事大赛、看谁读的连环画多、读连环画方法秘诀交流会……（设计意图：这一环节是激励学生坚持课外阅读的动力环节。这些"交流展示"活动的开展，不但可以让学生在对话及成果的展示中交流阅读连环画的方法，提高创新的价值，而且会激发学生坚持课外阅读的兴趣，把课外阅读进行到底）

（四）表彰鼓励，让阅读连环画形成习惯

定期评选"阅读连环画小能手"；根据班级的读书活动进展情况，定期评选"书香儿童"。要求在以下几个方面有突出的表现：①阅读量大，阅读范围广；②阅读质量高，有一定的积累和心得；③阅读兴趣广泛、强烈，积极参加各种读书活动；④成绩优秀，并能将读书内化为一定的写作水平；⑤品行端庄，谈吐不凡，博学儒雅，有"腹有诗书气自华"的书卷气。（设计意图：调动学生阅读连环画的积极性，让阅读连环画成为学生日常生活的必修课，养成良好的阅读习惯，丰富自己的精神世界，树立正确的人生观，脚踏实地地践行自己的中国梦）

四、远行收获

通过"连环画 连梦想"教育生态远行活动，学生们的阅读面扩大了。他们不满足于学校准备的连环画，纷纷到图书馆去买连环画：有的选择了具有奇幻色彩的连环画，有的选择了具有侦探冒险精神的连环画，有的选择了趣味性浓厚的连环画。连环画激发了他们丰富的想象力和自主求索的愿望。阅读连环画能够提高学生的理解、欣赏和评价水平。选择名人的励志故事能够激励学生从小立志，树立远大的理想，形成良好的个性品质，脚踏实地地践行自己的中国梦。

构建校园和谐教育生态 落实立德树人根本任务

张广文

党的十九大提出：要全面贯彻党的教育方针，落实立德树人根本任务，发展素质教育，推进教育公平，培养德智体美全面发展的社会主义建设者和接班人。学校良好的教育生态是在教育规律思想引领下的充满生机活力的可持续发展的教育。它追求的是学生全面发展、教师稳步提高、学校持续进步，是实现学校立德树人这一根本任务的有力措施。

校园良好的教育生态，是由物质文化、精神文化、制度文化和行为文化组成的有机整体，是学校教育的重要组成部分，既表现一个学校的精神价值取向，又表现一个学校的校风校貌，具有强大的教育引导功能。

一、构建校园和谐的教育生态——物质文化建设

良好的校园环境具有育人功能，能对学生的精神品质起到潜移默化的作用。学校着力于美化校园物质文化环境，注重校园物质文化在环境育德方面的作用，为师生提供良好的教育环境，更大程度上调动学校师生参与创建绿色校园和环境保护工作的积极性。

结合我校实际，楼层文化是校园文化建设的重点，学校的每层楼都设计了教育主题。一层是校史厅，布置学校建校发展历史和师生风采；办学理念厅，装饰"国旗、国徽、国歌、校徽、校训"；国防厅主要展示国防教育实物，如各类先进的军用飞机模型；楼道设计融入中华优秀传统美德文化，让学生在环境的熏陶下，激发爱国、爱校、爱中华五千年传统文化的情怀。二层是中华经典文化，为了配合开展诗词大赛，学校布置了活页唐诗宋词宣传展板。三层是中华非物质文化和中华优秀人物。四层是科技艺术。楼梯侧面还设计了民族知识、书法知识、阅读知识。每个楼层还镶嵌着师生们的艺术作品和开展"悦读教育"实践活动的照片，激励学生互相学习、奋勇争先。四层报告厅建设了道

德讲堂，布置全国和通州区道德模范人物展板，定期开展师生公民道德和传统美德教育。

在班级层面，师生共同设计班级文化。学校通过打造班级文化来实现阅读教育特色建设。学生们自己设计班徽，制定班级公约，布置班级专栏。学校充分挖掘班级书架功能，即以捐书培育学生的友爱之心，以管书培育学生的管理素养，以读书培育学生的书卷之气，以护书培育学生的审美品位，以借书培育学生的良好教养，将读书与美德、习惯相结合，丰富读书的内涵。

二、构建校园和谐的教育生态——精神文化建设

学校在德育工作中，坚持活化育德环境。德育活动以学生为本，根据学生的身心发展规律，由远及近、由浅入深、由表及里，循序渐进，让学生以宽松自由的心境，在富有童趣的实践活动中，不断强化内心体验，从而形成良好的思想道德素质。

如我校的校园红领巾广播站，每周三中午准时开播，小主持人用甜美的声音带领全体师生回顾一周的国内外大事和校园趣闻，聆听舒缓的音乐……校园广播站不仅是学生了解世界、舒缓疲劳、相互交流的平台，更是一个展示学生能力、提高学生素质的精神文化建设的阵地。

我校把校刊《成长》定位为传承中华传统美德、传播和辐射社会主义核心价值的重要阵地，定位为是学校"悦读教育"特色发展的重要组成部分，定位为展示学生风采的窗口，定位为引领学生健康成长的指南。

学校一直秉承"书香氤氲校园，悦读润泽心灵"的文化追求。书香校园教育特色的形成和发展经历了激发兴趣、有效阅读、涵养素质和"悦读"奠基四个阶段。读书活动目标由"激发学生读书兴趣"发展到"好读书、读好书"，再到"深化读书活动，促进全面发展"，最后到今天的"悦读点亮智慧人生"。师生与书为伴，以书为乐，奇文共欣赏，疑义相如析，腹有诗书，儒雅自信。官园飘香，学校始终努力创设一种浓郁的读书氛围，让师生尊享阅读式生活，感悟读书的真谛，潜移默化地促进师生文化自觉的形成，让校园每个角落都散发书香，让学校形成了独特的书香校园文化内涵。

三、构建校园和谐的教育生态——制度文化建设

学校在制度文化工作中，不断建立完整规章制度，规范师生的行为，保证学校各方面工作和活动的开展与落实。学校给教职工以知情权、管理权、监督权，建立一个凸显本校优势，体现校本意识，具有特定文化特色的规范、高效、完整的组织管理系统和制度。学校不断完善岗位责任制、全员聘任制、结构工资制、校务公开制，在此基础上，进一步深化、整理、完善规章制度，制定运作程序，汇编成册，理顺层次、规范程序、行而有据，形成依法办事、民主管理、以德立校的运行机制。同时学校建立完善的学生管理制度及爱护公物制度、公共卫生制度、绿化制度和校园日常规制等，这些制度的不断完善，为教师的积极工作带去鼓励，为学校教育生态的发展提供保证。

四、构建校园和谐的教育生态——行为文化建设

行为可以看成是思想与实际的具体连接点。校容美、校风好、质量高、声誉佳的学校本身就是一种强大的教育力量。师生置身其间，在长期的熏陶感染中，行为得到规范，心灵受到陶冶，素质不断提高，相互之间产生正强化。这种行为文化一旦形成，师生就会在潜移默化的氛围中接受共同的价值观念，形成一股信念力量向着既定的目标方向努力。学校行为文化涵盖了学校工作的方方面面，举例如下：

（1）学校坚持文化立校，提出的校训是"崇德、励志、博学、乐群"，即培养崇尚美德、知行统一、志存高远、责任担当、全面发展、学会学习、尊长敬友、合作和谐，具有健康体魄、天下情怀和国际视野的现代人。这是站在学生成长和教师个人发展的角度提出的。一方面，继承传统，汲取精华；另一方面，强调人文管理，把人文思想进一步渗入学校文化建设的内涵中。学校通过行为文化建设，规范学校的办学行为和广大师生的教学、学习行为和校园生活，以实现"让人民满意、对人民负责"的办学宗旨。

（2）学校在"悦读"中强化养成教育，努力做到知行统一，主体参与，提升学生道德素养，创建文明校园。实践使我们体会到"读、抄、讲、写"环节是一个从外化到内化，不断循环反复，形成学生意识、行为、习惯的合乎规律的教育，是一个自我教育的过程，是学生主体内在道德心理的互动，助推了学

生文明养成的心理体验,是促进文明养成教育"知识的普及""情感的激发"的切实可行的措施。

(3)学校统筹校内外德育资源,整合各学科教育教学内容,开展跨学科主题教育活动。如开展过春节的活动,整合书法、品社、语文、科学等多学科,查阅春节习俗、书写春联等。学校创新德育形式,采用适合学生年龄特征,且为学生喜爱、接受的形式开展德育工作,如定期举办读书节、好书漂流等志愿服务活动等。学校充分利用课外活动课开展民族文化传承教育,如剪纸、葫芦丝、竹笛、陶笛、书法、编织、衍纸等项目,深受学生喜爱。

(4)学校制定了官园小学学生习惯培养实施细则,充分发挥党政工团、少先队、班主任辅导员和学生社团的教育作用,通过学科德育、"践行官园小学习惯养成教育具体行为目标""一班一习惯"文明班评比等形式传承中华传统美德,深化主题教育活动,促进学生良好行为习惯的养成。

(5)学校按照《中小学德育工作指南》的实施途径和要求,坚持活动育人、实践育人、管理育人、协同育人等多种途径,以春节、清明节、中秋节、元宵节、重阳节等七大节日为展示平台,开展"我的中国节"主题实践活动,让学生充分感受古典文化的魅力,努力形成全员育人、全程育人、全方位育人的德育工作格局。学生严格按照《通州区小学生中华美德行动规范(试行)》中的八个德目,十六个美德目标,四十三条具体行为要求要求自己,让自己做到在家里是个好孩子,在学校是个好学生,在社会是个好公民。

教育生态中的学校物质文化、精神文化、制度文化、行为文化的内容相互渗透,互为依托,是一个不可分割的有机整体。其中物质文化和精神文化是校园文化建设的基础,行为文化是发展的根本。学校行为文化作为学校文化的一个方面,一旦形成,师生就会在潜移默化的氛围中接受共同的价值观念,形成一股信念力量向既定的目标方向努力,进而推动学校事业朝着共同愿景发展。在立德树人这一根本任务的大背景下,学校应积极围绕大力探索培养全面发展的社会主义建设者和接班人的有效路径,构建优良的教育生态、育人环境,促进"一切为了学生健康成长""办人民满意的学校"。这不就是学校教育生态建设的目的所在吗?

第七部分
北京市通州区教师研修中心实验学校篇

北京市通州区教师研修中心实验学校是一所百年老校，地处北京城市副中心核心区、京杭大运河北起点，毗邻通州区教师研修中心，地理位置优越。学校占地20 000多平方米，以博学楼、厚德楼、聚贤楼、运河书院为主体，教育教学设施、设备先进。学校现有38个教学班，近1 600名学生。学校有特级教师1人，市区骨干教师17人，师资力量雄厚。

学校以"研实文化"为引领，秉持"崇研尚实，点亮生命"的办学理念，本着"让学校成为师生生命绽放的时空"的办学目标，通过"生命绽放"课程体系，落实"做更好的自己"的育人目标，逐渐形成了生命教育办学特色。

近年来，学校先后获得市级"课程建设基地学校""语言文字规范化学校"等称号，多次获得通州区"春华杯""秋实杯"课堂教学先进学校等荣誉。

关于家校协同育人实效性的几点思考和实践

韩振伟

学校是学生健康成长的重要阵地,家庭则是学生成长的首要的人文环境,学校和家庭这两个主要场所对学生的影响是至关重要的。苏霍姆林斯基有句名言:"没有家庭教育的学校教育和没有学校教育的家庭教育,都不可能完成培养人这样一个极其细微的任务。"

近年来,随着社会进步和教育改革的不断深化,家校合作的重要性逐渐凸显。伴随着学校的快速发展,特别是新冠肺炎疫情及后疫情时代的到来,家校合作日益密切,合作的深度、广度逐年增加,中小学家校共育逐步走上了科学、民主、规范的发展轨道,这对实现立德树人的根本任务发挥了巨大的推动作用。当前和今后一个时期开展好中小学家校共育工作,需要我们认真思考和做好以下工作。

一、转变观念,教师主动作为

家校合作是教育的重要途径,学校要经常利用教师会向广大教师宣传家校合作的重要性,并利用教师集体学习时间组织"如何与家长有效沟通"等主题研讨活动,让教师交流自己对家校合作的看法、实践做法以及相关经验。教师们在认识家校合作重要性的同时,也要积极争取家长的配合。教师主动联系家长,和家长聊天、谈心、做朋友,以教师观念促进家长转变观念,使家长能够正确地面对自己的孩子,积极地参与到家校协同配合工作中来,与学校一起为孩子的成长和进步做出努力。

二、有效合作,丰富活动内容

1.有效发挥家校协同作用

学校需要根据新形势、新变化不断完善家长委员会组织。例如,当前很多学校的家长委员会由三级架构组成,即每班推荐部分家长代表组成班级家委会、从中推选2~3名为年级家委代表,这2~3名年级家委代表中由班主任推荐1名家长为校级家委代表,同时明确每个层级家长委员会和各位委员的职责、权利和义务。

2.丰富家长学校活动内容

学校每学期举办家长学校活动,由学校行政部门和教师组成宣讲团向家长讲解相关教育知识,也可通过组织家长讲师团开设家长讲堂,形式、内容可以涉及教育常识、家庭教育、习惯养成、心理干预等一系列内容,在丰富家长知识、提高家庭教育水平的同时,也给教师和家长提供更多面对面对话交流的机会,使家长和教师针对个别学生的情况有更深入的沟通和了解,为学生的教育和发展做好更加充分的准备。

三、完善机制,密切家校关系

随着家校合作工作的深入开展,学校还需要逐渐完善家校联系机制,更好地服务于家校合作工作。

1.完善家委会议事制度

学校要将家校合作纳入学校整体工作规划,建立家长委员会议事制度,紧紧围绕学生成长、家庭教育、学校发展、教育策略等问题不定期地进行沟通协商,使家长充分参与到学生教育与学校发展的工作中来。

2.完善各项激励机制

学校将班主任与家长联系情况纳入班主任考核内容,包括电话、微信、短信、面谈、入户访谈等多种形式的家访,还包括《致家长的一封信》、开放日家长参与活动情况等,从而使家校联系逐步进入正规化、常态化轨道。在鼓励家长方面,学校要根据家校合作情况由班主任推荐、学校评选优秀家长,并在开学初进行表彰,这样能极大地激励学生家长支持家校合作,参加家校合作,做好家校合作。

四、拓宽途径，畅通交流渠道

1.举办亲子活动

学校根据实际情况，结合每年的校园体育节、读书节、英语节、儿童节、新年等重要校园节日的时间节点，邀请家长入校参加亲子活动，学生和家长欢聚一堂，家长在享受天伦之乐的同时加强了与学校、与各位任课教师的联系，为做好家长学校工作提供了家校交流的平台。

2.坚持新生家访

为每年顺利开展幼小衔接工作，学校要建立和完善一年级新生入户家访制度，鼓励教师通过信息发送、电话、面对面交流等多种方式积极进行家访活动，及时了解学生的动态，同时学校将家访活动情况列入教师考核内容，保证从幼儿园过渡到小学生活的孩子们能够尽快地从生活环境、心理调适、习惯养成等方面做好过渡衔接。

3.定期召开座谈会

学校要不定期地开展家长座谈会，了解各班每个学生的情况，并根据实际情况及时想办法，帮助家长解决问题，取得更多家长的支持与信任。

4.组织校园开放日

学校每学期要定期举行家长开放日、开放周活动，邀请家长参加学校的一系列教育教学活动。家长们看到自己的孩子在学校里幸福快乐地学习、参加丰富的活动课程、展示自己的特长，看到教师们精心地授课、细心策划、组织活动，进一步加深了他们对教师工作的理解，对学校教育工作的支持。

5.增强信息透明度

学校可以通过微信公众号、校园公示栏、互动轧板等形式进行校务公开，使家长更深入地了解学校的师资及现状，实现学校透明化办公。另外，学校还可以利用校园刊物、微信群等发布学校信息，保证学校活动、学生比赛等情况都能及时反馈，从而使家长及时了解孩子的在校生活。

6.征集合理化建议

学校可以设立校长接待日，可以在校门口设立"校长信箱"，开设校长信访热线，使家长随时能够通过各种途径与学校交流，反馈自己的意见，保障家校信息交流的畅通。

总之，家校合作不管是通过什么方式，只要是对孩子身心健康成长好，对学校的教育有帮助，都应该提倡，都应该坚持。因为它加强了学校与家长的联系，促进了家长与学校领导、班主任、科任教师之间思想感情的交流，家长更愿意理解、配合、参与学校的办学目标、管理措施、校园建设、教学动态、学生学习生活等事项，从而使家长和学校做到与时俱进，步调一致，学校对学生的教育才更有成效，更有保障！

树直还需勤培育，教子尚须人品高。孩子的成长，不仅是家庭、学校的事，还是全社会的事，只有发挥综合育人的合力效应，才能取得最佳效果，真正实现高水平的家、校、社和谐育人的目标。

以和谐的管理生态　推进学校教学工作

闫海燕　刘桂红

"和谐"是社会进步的主旋律，大到一个国家，小到一所学校，和谐都是安定、发展的前提和保障。因此，学校要努力建构和谐的管理生态，让教师工作在健康的集体舆论、舒畅的心理感受中，工作在相互理解、积极进取的良好氛围下，工作在友善、民主、平等的环境里，从而获得积极、充分的发展，实现个体的成长。

一、"计划先行"是建设和谐管理生态的前提

军事上常说"不打无准备之仗"。教学计划是保证学校各项教学工作协调、有序开展的前提，制订切实可行的计划是管理过程中的首要任务，是提高工作效率，提升业绩的关键。我们经常听到有人发出"计划没有变化快""计划赶不上变化"之类的感慨，这恰恰证明了计划的重要性。合理的计划意味着成功了一半，有了周密的计划，各项工作就不是无源之水，我们在执行计划的过程中才能做到心中有数、统筹安排、井井有条。

军事上还常说"一切行动听指挥"，用在管理上，可以演变为"一切活动看计划"。教学计划是学校教学活动的指南，重视制订计划、稳步推进计划，才能使教学工作始终沿着既定的轨道运转，更好地实现既定目标。

我校教学各项工作的开展都有周密翔实、可操作性强的长、短期计划，比如，每学年、每学期除了有明确的教学计划外，还结合学校实际确定重点工作，并将工作汇总后再分解，制定出细化到每周的教学工作安排，学期初下发，这样做，既让教师明确学校教学工作的总体目标，更明确每个阶段的重点工作及每项工作的完成时限和具体要求，做到心中有数。完成计划的过程就像是拆锦囊，每到一个路口，就拆开一个，提示教师如何继续走，使教师避免了盲目性。教学干部对计划进行监控，并认真执行。教师即便工作中有了新想

法，也决不顾此失彼，影响学校整体工作大局。这样，全校上下合一，按部就班，切实保证了教学工作循序渐进、有条不紊地开展。

二、"内化常规"是营造和谐管理生态的保障

各项常规要求能否认真贯彻关乎学校管理工作的实效。常规是刻板的，而执行常规的人却是活生生的。只有教师对常规乐于接纳并内化于心，变成自觉的行动准则，才能在工作中不断修正自我、完善自我、发展自我，实现"以常规引导教师，以常规引领工作，以贯彻常规带动发展"。

落实"四个准备"是我校对教学工作的一项常规要求。"四个准备"即心理准备、知识准备、物质准备、身体准备。"四个准备"体现了我校的教学管理文化。

（一）以积极的心理准备面对工作

健康积极的心理状态是做好教学工作的前提和保障。当前，随着社会对教育的高标准、高要求，以及竞争的加剧，教师的职业压力越来越大，这容易导致心理问题。因此，重视教师心理健康，努力为教师营造宽松愉悦、和谐向上的教学氛围至关重要。我校提出"三健康"要求，即健康的心态待学生，健康的心态进课堂，健康的心态对作业。

（二）以扎实的知识准备面对工作

知识经济、信息时代的到来，对教师职业提出了更高的要求。社会群体文化素质的提升，也要求教师必须通过多渠道获取信息，丰富积累，不断提升个人素质，只有这样，教师才能在教学中得心应手。我校侧重从三方面强化教师知识准备。

学校为教师订阅刊物，开阔他们的眼界。刊物不仅包括教育类，还包括《读者》《演讲与口才》《半月谈》等提升教师综合素养的期刊。教师随时做学习札记，并经常组织多种形式的阅读交流沙龙活动。

走出去，请进来，提升教师执业能力。学校邀请专家、学者来校讲座，进行职业道德、学科能力、基本功等方面的专项培训；积极创造条件，组织教师去优秀学校学习，广开视野，并及时分享学习体会，达到资源共享、广泛受益

的目的。

学校提升教师教研能力。我们指导教师认真备课，做到既备课标、教材，又备学生；既备知识的传授方法，又备练习的设计形式；既备重点、难点的突破手段，又备知识的拓展延伸内容，并做到课后有随笔，课课有反思。扎实有效的教研，使教师能关注并挖掘教材中有价值的信息，合理设计教学，在课堂中充分调动学生的多种感官，帮助学生更有效地参与学习，提升了教学实效性。

（三）以充分的物质准备面对工作

物质准备是教师顺利开展教学工作的保障。我们要求教师每堂课前必须做好教学准备，课上要用到的学具、材料及作业本等必须课前发放，不挤占学生的课堂时间，这样使教学时间更充分、高效。

（四）以良好的身体准备面对工作

健康的身体是工作的资本。我们关心教师健康，定期为教师体检，不鼓励教师带病工作，保证教师以良好的精神面貌走进课堂，以良好的执业状态感染和影响学生，提升学生课堂学习的幸福感。

三、"以人为本"是营造和谐管理生态的关键

美国管理学者彼德·圣吉认为，人最终将成为管理的出发点和归宿，管理必须做到"以人为本"。管理的核心是管人，因此我们在管理中注重调动人的潜力，一切从人出发。

（一）尊重教师，肯定教师的主体价值

人人都渴望被认可，憎恶批评，这是人的本性。教师群体普遍具有强烈的自尊心和自我实现的愿望，对待工作往往是"牛不扬鞭自奋蹄"。因此，我们在管理工作中更要尊重教师，给教师心理归属感和行动平等感。

例如，听课后的评课，本是"仁者见仁，智者见智"。在评课时，我们不会"居高临下""指指点点"，而是与教师真诚交流，尊重教师的想法，对教学中的优点充分肯定，适度指出不足，从不把自己的观点强加于人。这样做，保护了教师的工作热情，使他们乐于接受建议和意见，并愿意进一步付诸实践。

（二）理解教师，正视教学工作的灵活性

教师作为社会人，承担着多种角色，有七情六欲和喜怒哀乐，既要承受"太阳底下最光辉的职业"这一教书育人光环赋予的心理压力，又必须承受源自生活的多方压力，因此他们更需要获得人性的关怀。

学校各项工作是既定的，但执行工作的方式是灵活的，原则就是师生能更好地发展。以此为前提，我们努力把教师的冷暖挂在心上，关注教师生活和身心健康。如果教师有身体不适，就适当放宽或延迟要求；如果教师正在为杂事所困扰，我们也能换位思考，灵活地执行管理。一点"通融"，一个"换位"，温暖人心，使教师感觉被理解，从而降低工作辛苦阈值，增加工作快乐度。这样做，体现了管理工作的个性化、柔性化和弹性化。

（三）关心教师，营造愉悦的工作氛围

儒家学说讲仁爱，强调"以爱己之心爱人"。事实证明，"以情动人"的效果在多数情况下好过"以理服人"。我们常常与教师进行情感交流，用行动关心教师，对身体欠佳的教师多问候、多体谅、多帮助，对家庭或个人遇到困难的教师，主动伸出援手。关心教师的工作现状，改善了上下沟通，增进了平行交往，加深了干群间的感情，增强了教师对工作的归属感。

（四）信任教师，适当开放管理工作的自由度

俗话说"用人不疑，疑人不用"。来自管理者的信任能激励教师，促进有效管理的落实。只有信任，才能激发热情，使其更加大胆地工作。众所周知，微软公司的工作十分紧张和辛苦，但它却吸引了全球数万名最具创造力的行业精英，究其原因，与其对员工在信任基础上的充分尊重和平等精神不无关系。

学校计划所安排的听课及各项检查是常规性的，但实施中不可太刻板，要在信任的基础上，为教师提供一定的自由度，这样才能真正让教师"用心想事，灵活做事"，使教师的积极性和创造性得到更好的发挥。例如，在常规检查中，如果发现问题，我们不会单纯以现象定论，而是充分与教师沟通，发现问题，选择相信教师的解释，绝不认为教师是在找借口开脱。

实践证明，和谐是保障管理工作稳步推进的不竭动力，是引领教师奉献本职的无形法宝，是促进学校整体质量提升的无尽源泉。营造和谐的管理生态，调动了教师的工作热情，形成了积极的工作局面，提高了管理的质量。

打造"绿色"科研生态　助力学校长远发展

裴　玉

随着社会的不断发展，小学的教育教学已经逐渐进入新阶段，科研助力学校发展已经成为学校管理者的共识，它在学校教育教学常规管理和教师专业发展中起到了积极作用。打造科研生态，既是提升学校的办学品质和内涵发展的前提，也是创新学校发展的必要选择。

在学校的教学管理中，提升教师的科研能力，形成积极向上、"绿色"健康、可持续发展的科研生态，是推动学校良性发展的重要内容。

一、激发教师科研热情，埋下科研的种子

著名科学家钱伟长曾经说过："教师必须搞科研，这是培养教师的根本途径。"科研能够使教师在研究中增强教学生涯的价值体验，在日复一日的常态教学中提升职业幸福感。但当前也出现了一些不容忽视的问题：第一，受"应试教育"这个指挥棒的影响，重"教"轻"研"的现象还普遍存在。有些人认为搞教科研耽误时间；认为只要教师教好课，能提高学生的学习成绩就可以了，至于通过什么方法，效率如何关注不够。第二，教师认为科研高不可攀，把科研当成专家和学者的代名词，自己的理论功底比较薄弱，对教科研无从下手。第三，教师认为科研是急功近利的表现，搞科研就是为了职称评定和骨干评选，获得名利，目前自身已经没有这方面的追求，因此不再想研究。鉴于以上问题，结合我校教科研工作实际，笔者提出以下建议。

（一）转变科研观念

科研是教师自身发展的刚性需求，随着教育改革的不断深化，社会对教师提出了更高的要求。教师经常面对新的教育问题，他们已经不仅仅是知识的传递者，更应该是知识的创造者和教育规律的发现者。在新环境下，教师更需要

静下心来做研究，不断丰富自己的知识结构，做一个科研型、专家型教师。

科研是实施素质教育的重要路径。在越来越多的"能力""素养"的呼声下，以往的"应试教育"逐渐被代替。"能力""素养"这种理论形态如何转化成符合当前教学方式方法的实践形态，是我们一线教育工作者需要终身研究的课题。

（二）身边榜样激励

学校要重视培养科研的骨干力量，鼓励科研先进人物通过"传、帮、带"的方式带领更多的教师进行研究。学校对于这种典型要善于发现，积极扶持，大力宣传，用他们带动更多的教师。

我校王书敏老师在2017年被评为小学语文特级教师，一个普通小学的一线教师被评为特级教师是非常了不起的事情。校长发现王老师的科研能力非常强，便组织召开了"新任特级教师的研究型教师成长报告会"。王老师在报告会中围绕课题、论文、研究课、答辩几个方面，为全体教师介绍了她近些年做的每个课题、每篇论文……从王老师生动的讲解中，我校全体教师都非常受感染，会后有的老师这样说："对于科研，我开始是害怕的，一直认为课题研究是学者专家的事情，与我们的日常工作太远太远，但听了王老师的报告，也燃起了我心中做科研的小火苗，我想在学校的教育理念下，结合自己的教育教学工作做一点研究。"经过这次报告会，我校教师研究的积极性大幅提高。

教师对科研的态度直接影响科研的目的性与扎实性。引导教师克服科研的"恐惧观"，端正科研的"名利观"，才能使教师以积极的状态投入到科研中，为"绿色"健康的科研生态播下希望的种子。

二、打造科研特色，提高教育教学水平

（一）基于问题，科学选题

课题研究是科研的重头戏。课题研究的意义在于发现问题、研究问题、解决问题，或者得到解决问题的一些思路与方法，最终促进学校教育教学的发展。课题的选取应该基于学校、基于课堂、基于学生，围绕日常教学中的热点、难点问题展开，这样才能保证课题的研究具有实用性和价值性。

对于热点问题，要寻求创新。在2020年这特殊的一年中，线上线下融合教学成为我们教育工作者的热点问题。我校抓住这一契机，鼓励教师重点围绕"线上线下混合式教育"的主题开展课题研究。随着后疫情时代的到来，更多的线上线下混合式教育小课题已经在我校开展，"小学中年级线上线下小组互助学习策略的研究""信息技术在小学数学空间与几何领域中使用有效性研究"等校级立项课题已经达到二十多个。多种信息技术手段用于课堂教学中，为开展信息技术融合课堂教学奠定了良好基础。

针对难点问题，寻求突破。在课题的深入研究中如果能解决教学中的实际问题，还能提升教师的教科研水平，有利于教师的专业发展，教师们肯定能发自内心地爱上科研。我校在课题立项时就聚焦提高课堂教学的实效性这一难点问题，"小学数学课堂提问与追问的策略研究"等课题成功立项，为我们突破这一难点增添了"助燃剂"。

总之，课题的选取一定要围绕教育教学实践，让教师感受到课题研究与日常教学工作是密不可分的，在研究过程中发现真问题、解决真问题，切实帮助教师提升教育教学效果，让教师尝到科研的"甜头"。

（二）立足校本，做身边的科研

科研为教研服务，而教研又是科研开展的前提和基础，两者是不可分割的整体，都是在寻找解决教育教学实践问题的方法和策略。上海建平小学的校长曾说过，不要太热衷搞科研，扎扎实实把校本教研做好了，效果自然就出来了。事实上他们并不是反对搞教研，相反，他们是想通过做好校本教研来营造科研的土壤。

近几年来，我校多次组织语文习作方面的校本培训，专家不仅进行理论讲座，还与教师进行同课异构，在课堂教学中进行实践。这一系列的校本培训从理论层面到实践层面，为教师的科研指明了方向。通过校本教研，教师们重新审视语文习作教学，对习作教学产生了更深层次的认识。教师们申报的"基于学生最近发展区的小学高年级作文课堂教学模式的研究"和"运用信息技术提高小学生习作能力的行动研究"两项课题被立项为区级课题。

科研的本质就是有深度的教研，作为管理者我们要将科研与教研有机结合起来，让教师在实践中感受科研的魅力，使科研更加"接地气"。

（三）依靠合作，做可持续的科研

合作研究是提高整体科研水平的有效形式。在我校刚刚确立"教师因研究而优秀"的理念后，我校要求每位教师做到人人有课题，人人都研究。我们在研究过程中发现，每个人的力量是有限的，课题研究应该依靠合作共研。之后我们改变了研究策略，多人共研究，可以是同学科同教研组，也可以是同学科跨教研组，还可以多学科共同研究一个课题，突出团队协作，使得研究的主题更具有效性。通过多元的组织形式，我校教科研由单一、封闭走向对话、开放，教师们在相同领域中进行深度研讨，在不同的领域中互补碰撞，进而提高教师的群体学习能力、研究能力，让教师走向自觉、深度的合作，提高研究的质量，实现科研能力可持续提升。

三、加大科研管理力度，向科研要效益

为了让科研能够落到实处，培养教师的行动意识，鼓励教师多发现问题、多做研究、多写文章，我们对全体教师提出了"三个一"的要求，要求每位教师每学期必须有一个正在研究的课题，必须有一篇跟课题相关的论文，必须有一节跟课题相关的研究课。我们用量化的要求来"逼"教师做研究，但当教师们收获了科研的硕果时早就忘了当时的辛苦。

科研是学校不断发展的第一生产力。学校的管理者要以研究搭桥，帮助教师重新认识职业价值，感受职业乐趣，激发他们"我要研究"的热情，让他们收获"研究惠我"的效益。我们相信教师因研究而优秀，学校因教师而精彩。

做好学生课后托管服务　共育教育和谐平衡生态

闫海燕　陈　宇

习近平总书记在全国教育大会上指出："办好教育事业，家庭、学校、政府、社会都有责任。""托管"一词原本是法律与管理学用词，指的是将事物移动或者放置在一起。我国基础教育阶段在父母和学生的需要下也出现了大量的"托管"现象，就形成了教育托管市场。现阶段的中小学生课后托管服务是依据家长和学生的现实需求，以促进学生全面健康成长为根本目的，以发挥学生的自主性和主体性为根本，注重培养学生的兴趣爱好和个性特长的放学后校内教育。

课后托管服务，在学校各项工作中，看似微小，实则具有重要的意义。

一、教育生态理论

1. 教育生态的概念

教育生态是指运用生态学方法研究教育与人的发展规律，着重围绕生态平衡、环境与适应、人群的分布与构成、人际关系等问题，试图建立合理的学校内外生态环境，提高教学效率，促进学生健康成长。

2. 教育生态具有的原则

（1）自然性原则。像自然界的任何生物一样，人作为一种自然生态的成员，其本身的一切活动都离不开自然范畴。在教育中，只有教育理念符合自然规律才能更好地实现教育发展的总体规律。

（2）系统性原则。在教育生态系统中，系统性原则就是教育的大环境和小环境、宏观和微观以及各个因素之间的相互作用和影响。它要求用系统的、发展的眼光来看问题，注意事物之间的相关性和动态效应。

（3）整体性原则。教育在实施过程中，必须始终保持其发展的整体平衡性。因为各种因素和人为原因会造成教育发展过程的失衡，所以教育者以整体观念来思考处理问题，对于保持教育生态圈的平衡与协调来说是极为重要的。

（4）能动性原则。生态思想的核心内容就是尊重生物的自然性，遵照自然规律处理和解决问题。人具有社会性，具有主观能动性，在学习的过程中，人不是被动地接受知识，而是运用自己已有的知识去构建新知识。

（5）可持续发展原则。可持续发展不仅注重今天的发展，而且强调明天的发展；不仅注重当代人的发展，而且强调子孙后代的持续发展；不但注重发展的数量，更强调发展的质量。

二、课后托管服务之于教育生态的重要价值

教育生态反映在教育价值导向中，表现为对多样性的尊重，在更加强调平等与合作、更加尊重人的同时，维护人与自然、社会的和谐共生。具体指导到学校生态层面，包括学校之间多样性的平等与尊重、互补与合作、主体个性与创造性等。构建美好教育生态，需要通过多种方式集合校内校外优质育人资源，将学校、家庭、社会形成一个相互共融、同生共长、平衡发展的生态环境，努力营造文化多元共融、师生齐生共长的育人有机体。

课后托管服务之于教育生态的价值大致可以概括为以下几点：

（1）发展学生个性特长，提升学生核心素养。

（2）满足家长需求，减轻家长负担。

（3）推进社会公平，维护社会稳定。

三、区级要求

通州区的课后托管工作，始终以习近平新时代中国特色社会主义思想为指引，全面贯彻落实党的十九大精神，培育和践行社会主义核心价值观，贯彻党的教育方针，落实立德树人根本任务，适应首都城市战略定位对人才培养和教育服务支撑作用的新要求。

通州区教育在深化教育体制机制改革，全面推进教育供给侧改革的进程中，注重提升教育公共服务意识，强化全社会关注教育、服务学生健康成长的大教育观，为人民服务，使人民群众具有更多的获得感和幸福感，进一步规范课后托管服务工作，提高服务质量。

可以说，学校在区级高度重视课后托管实施的大背景下，通过设计校级方案，认真开展工作，试图通过课后托管服务工作的开展达到四大目标。

（1）家长方面：满足"课后班"的理性需求，帮助解决作业辅导的问题。

（2）学生方面：获得多元化成长。

（3）学校方面：促进个性化教育，提升教学质量。

（4）社会方面：促进社会公平、稳定，维护教育生态平衡。

四、学校做法

通州区教师研修中心实验学校本着"立足需求、家长自愿、积极服务、协商共建"的工作思路，让课后托管服务工作真正"落地"，促进教育生态平衡。

（一）精心设计，周密部署

学校认真学习、领会区级文件精神，基于学校校情，精心设计本校课后托管工作实施方案，明确课后托管的时间、内容、形式、经费使用等具体实施细则。学校通过校务会、全体教师会、学校工作微信群、教研组长会等形式，分层部署工作。

（二）做好日常安全管理

教务处与申请参与托管的每一位学生及时签订安全协议书，每日坚持托管，负责教师在学校群汇报制度。学校逐月公布托管教师名单，托管教师及时到岗，严格学生考勤管理，对有疑问的情况及时与班主任、家长核对，并将情况记录在册。学校领导每日均有专人巡视，全程负责托管班的日常运行。班子会上，参会人员就托管工作及时沟通、协调，做好课后托管的安全管理，确保学生安全。

（三）尊重学生、家长意愿，关注学生个性化需求

我校在课后托管工作中，按照学生自愿、家长申请、班级确认、学校统一实施的原则细化课后托管工作流程。学校实行动态化管理，即实行学生请销假管理制度，根据家长的反馈，及时调整学生名单，做到名单每日更新，并对有个性化需求的学生明确标注，提示托管教师予以关注。

如本学期，三（4）班有一名学生，由于家长工作性质，参与托管日期不

固定。为做好该生的托管服务，由班主任牵头，协调学生每月托管个性化安排表，并在托管教室前黑板固定地点张贴，托管教师依表管理，解决了家长的个性化接送需求，满足了家长的需要。

（四）充分发挥市区骨干、教研组长力量，做好答疑辅导

本学期，按照上级托管服务精神，我校选派优秀教师参加课后托管服务，鼓励中层干部和校级干部带头，要求特级教师、各级学科带头人、骨干教师（含青年骨干教师）主动承担工作任务。学校加强了市区骨干及教研组长的答疑辅导力度，努力为学生做好托管服务工作。

（五）丰富托管内容

在实践中，我们积极探索，聚焦主题、关注问题，努力丰富和创新课后托管服务的形式与内容。低年级学生没有课后作业，在托管服务内容上充分利用学校开放式书吧，为学生提供阅读书籍，鼓励学生在托管服务时间，自主安排时间和内容，成为自我管理的小主人。

针对中高年级学生，我们安排了特级教师、各级学科带头人、骨干教师（含青年骨干教师）进行答疑辅导。在托管服务中我们尝试做到课内与课外相结合，让学生在校高效完成作业，同时引导学生开展大量的课外阅读活动，并将学校的开放式书吧、书香校园建设融入其中。我们既安排团队游戏和活动，又给学生留有自主安排空间，充分关注学生的身心健康。

课后托管服务的开展体现了国家对中小学生的社会保护，同时维护了中小学生受教育的权利。学生可以自主选择活动；教师不需要以学业水平为标准来衡量学生的好坏，更容易平等对待每一名学生。另外，课后服务积极回应家长和学生的需求，秉持以人为本，引导人民群众以理性合法的形式表达利益要求，使人民群众具有获得感和幸福感。学校要做好学生课后托管服务，共育教育生态和谐平衡。

立足单元教学整体　构建语文生态课堂

霍丽娜

随着学校硬件环境的不断优化、完善，互联网、人工智能等新技术不断重塑教育形态，知识的传授和获取方式、教和学的关系都在发生着深刻变革，如何打造良好的课堂生态，是每一位教师都需要认真思考的问题。

从语文教学的角度来看，单元整体教学模式的推进，正体现着教学环境的生态化、教学要素的生命化和教学活动的互动性。那么，如何更好地进行单元整体教学设计，实现课堂生态和谐发展呢？笔者仅以二年级下册七单元为例，进行简要说明。

一、读懂单元要素，确立单元主题

统编教材从三年级开始，都设有"单元导语"，每篇精读课文中的课后题、略读课文中的提示及单元后的"交流平台"都对语文要素进行了明确。教师在备课时，不仅要读懂、落实语文要素，还要从单元整体考量、梳理、总结和提炼学习方法，并将方法指导贯穿单元始终，帮助学生应用于阅读、习作、口语交际和语文综合实践中。

低年级不像中高年级那样清楚明白地将"单元导语"写在单元导读页上，而是写在教参中。二年级下册七单元人文主题为"改变"，语文要素为"借助提示讲故事"。在备课中，我们关注到了单元内的几篇文章题材均为童话故事，且主人公都是学生喜爱的小动物，因此将单元主题确立为"走进动物王国，讲述改变故事"，以此来明确单元学习重点，唤醒学生的生活情绪和情感体验，让学生对学习充满期待。

二、纵横比较，把握单元训练重点

1.纵比中厘清侧重点

所谓纵比，是指单元外部的比较，即把分布于不同年级、册次的同一语文要素，进行纵向的关联性、差异性比较，了解所教单元在整个同类语文要素中的位置，从而准确定位单元训练重点。

部编版语文教材针对"复述课文讲故事"这一语文要素在不同年级进行了多角度、多层次的训练，经过梳理，本单元的训练重点是继续学习巩固借助提示讲故事的方法。

2.横比中把握侧重点

这里的横比就是比较单元内部不同学习内容间的差异。我们在细致地研读教材、教参后，发现本单元每一课讲故事的方法所承载的训练重点各有不同：《大象的耳朵》要求学生借助大象的话，说说大象的想法是怎么改变的，是借助重点句讲故事；《蜘蛛开店》要求根据示意图讲故事、续编故事；《青蛙卖泥塘》要求借助关键事件讲故事、表演故事；《小毛虫》要求利用词句结合的示意图讲故事；在单元阅读拓展练习课上，则要运用前面所学方法，梳理情节，借助提示，用自己的话按顺序、完整地讲好故事。每一课的训练重点既相互联系，又逐层深入，教师在纵横比较中，找准单元和每一课的训练重点。

三、做好前测工作，确定单元目标

"以生为本，以学定教"是单元教学活动的核心要求，更是语文教学生态平衡的根本。因此，我们在确定单元目标时，一定要做好前测工作，即研究学情。这里我们强调人的发展，注重学生听说读写等语文综合素养以及情感、态度、价值观的培养。

针对本单元主题教学，我们对84名学生的学习兴趣和学习基础进行了前期调研。结果表明，大部分学生会运用多次朗读和看图片讲故事的方法，其讲故事的能力还停留在形象思维模式。二年级上学期，学生虽然接触到了借助重点词句讲故事的方法，但会运用此方法的学生只占极少数。另外，由于学生年龄小，他们讲故事时，会出现偏题、遗漏的现象。因此，我们将本单元目标确定为引导学生借助提示，梳理故事内容，厘清故事情节，帮助学生在体验、实践中掌握多种讲故事的方法，让他们学会完整、连贯地讲故事。

所以，先进行学情分析，再确定单元目标，可以让学生由"学会"走向"会学"，让每一名学生的语文素养都得到不同程度的提升，让语文教学着眼于学生的终身发展。

四、关注单元整体，明确教学内容

"单元整体教学"是在整合教材内容、教学活动的基础上全盘考虑的教学形式，要根据单元语文要素、人文主题设计细化每一课时的教学目标和学习内容。

在本单元教学中，我们充分考虑学生年龄特点和本年段学习任务，每课教学按照"识字—解词—朗读—复述"的思路安排教学内容，整体设计了"学习要素，了解改变；巩固要素，如何改变；运用要素，讲述改变；语文实践，丰富积累"四个板块内容。第一板块安排了《大象的耳朵》这一课教学，让学生通过大象的话，体会其想法改变的过程，试着用自己的话讲故事，了解本单元的人文主题。第二板块继续完成三篇精读课文和语文园地相关习题。学生通过学习，梳理故事情节，体会表达顺序，感受童话的妙趣横生。我们分别从抓关键情节，借助示意图、词句结合图等方面训练学生讲好故事，演好故事。第三板块安排了三篇童话阅读。其中一篇为《语文园地七》中的《月亮姑娘做衣裳》，另外两篇课外阅读分别是《猴子种果树》和《鸭式摇步舞》。学生通过自主阅读，巩固讲故事的方法，进行语言实践。第四板块完成日积月累和写话练习，学生继续感受气候变化给人们的生活带来的改变以及写自己喜欢养小动物的理由，丰富积累和认知，进行言语实践。

这样安排教学内容，强调了学习资源的整合与生成，让学生在充实而有内容的语文课堂上，展现真实的自我。

五、巧设活动环节，关注学生成长

语文课堂教学的有效性是语文教学的生命，而生命能否延续取决于教师能否充分发掘学生的兴趣点，创设生动的教学情境，设计安排有层次的教学环节，为学生构建一个充满趣味的生态平台，使其学习状态得以健康成长。

统编教材以低年级学生为对象开展复述教学时，重在激发学生复述兴趣，训练、巩固复述方法。因此，我们在设计本单元四篇精读课文时，兼顾学生认知发展规律，根据文本特点，选择有效"支架"，引导学生重组语言，拾级而上，整体设计了不同层次的教学环节，以建构、提升学生的语言体系。这里的"支架"可以是词串、句子、插图、思维导图，也可以是想象、联想等方法。

《大象的耳朵》一课中，教师根据课后题训练学生圈画大象的话，走进角色内心，分析体会大象想法改变的缘由，指导朗读，并设计图文结合的板书，使学生记住关键人物和情节，为更好地厘清思路、讲好故事搭台阶。

《蜘蛛开店》一课，教师从"所卖物品"出发，了解"卖口罩""卖围巾""卖袜子"这三者之间的并列关系，从示意图出发，强化情节发展的顺序和反复结构，指导学生掌握讲故事的要领。通过反复练习讲故事的过程，促进学生讲故事能力的巩固和提高。

《青蛙卖泥塘》一课，教师在处理青蛙前两次卖泥塘时，引导学生分角色朗读青蛙第一次卖泥塘的经过，重点练习表演第二次卖泥塘的过程，包括揣摩、体会青蛙吆喝的语气，野鸭提建议时的语气，青蛙改造泥塘的行动状态，把体会到的内容融入表演之中。课文描写青蛙后几次卖泥塘时，教师则放手让学生在表演中想象小动物说话的语气、动作，体会小青蛙改造泥塘的辛劳，自主练习复述。

《小毛虫》一课，教师先引导学生找到小毛虫变化的三个阶段，让学生通过插图了解小毛虫羽化成蝶的过程，感受小毛虫的可爱、努力与快乐，再通过重点句的理解和图文对照，为学生提供讲故事支架。

六、注重评价激励，促进学生发展

"以评促学，以学论教"。我们在设计教学活动时，应围绕教学目标进行学习评价。教师可采用激励的、积极的语言让学生获得自信和满足，通过学生的行为表现判断教学目标的达成度，把课堂教学的重心从教师完成教学任务转移到正视学生的基础，促进学生的发展上来，让课堂更加有效，这是构建生态课堂的关键。

我们在设计二年级下册七单元教学活动时，利用"讲故事评价表""写话评价表"对学生学习状态采取自我评价、生生互评、教师评价等多种方式，让学生在参与评价与接受评价中学会发现自我，提升自我，从而完成自我激励与调控。

总之，构建生态课堂就要充分利用单元整体教学模式，以学生为本，达到教师、学生和环境之间的平衡与发展，让师生在平等互助、自由开放的氛围中健康成长。

第八部分
北京市通州区通运小学篇

北京市通州区通运小学始建于2020年，设计规模为24个教学班，1 080个学位。学校占地面积18 815.09平方米，校舍建筑面积20 957.16平方米，运动场地面积5 288平方米。

学校坚持"规范办学、内涵发展、特色建设"的思路，以"为党育才，为国育人，打造人民满意的学校"为根本，以"通古博今以达变，品正志明为国兴"为办学理念，以"通古今、志博明、运合兴"为校训，以"为生命播种一颗纯真有爱的种子"为办学目标，以培育"通古博今、志正博明、运合中兴的通运少年"为育人目标，以"建设成为一所富有通韵、怀有志气、真有合力、定有兴运的优质学校"为发展愿景，努力为学生的全面发展服务。

浅谈中国书法的文化与艺术价值

张险峰

书法是中华民族文化的瑰宝,历经数千年的沉淀和发展,在世界艺术之林享有盛誉。追溯历史,毛笔书写是中国传统文人的基本技能。以汉字作为载体的书法艺术绝大多数是作为文人的附属品而存在的,只有极少数人能够崭露头角。如今传统文人时代已经过去,毛笔书写的实用性渐渐褪去,然而其艺术价值及其蕴含的文化精神却进一步凸显出来。本文以汉字为"本",书法为"用",简要谈谈书法的文化与艺术价值在教学中的应用。

一、追溯字源,汲取古人智慧,感受汉字之美

文字的发明是人类进入文明时代的标志,而汉字更是我们华夏民族文明的曙光。它是先民们"仰则观象于天,俯则观法于地""见鸟兽蹄远之迹""近取诸身,远取诸物"而创造的。所以,汉字如"诗"似"画",是由汉字形成之初的象形特征所决定。而当文字像"诗""画"一样出现在学生眼前时,一种美感便笼罩全身,并且印象深刻。因此只有充分考虑汉字的特点,依据字理析形索义,因义记形,学生才能真正形成自主识字的能力,深入了解传统文化的内涵,同时也在潜移默化中浸润着美感。

汉字的发展也伴随着书法五体的演变,从篆书到隶书、草书、行书、楷书,其发展演变过程中无不承接着人们的智慧结晶,包含着历史的痕迹与文化的内涵。因此在书法教学中,无论教何种书体,我们都应引领学生从汉字最古老的样子开始,让学生以动态的方式感受汉字逐步演变的过程,感知汉字的生命力。如"山"字,由最初的甲骨文象其形凸,到铸刻在青铜器上浑厚的金文凵,再到秦始皇统一文字为规范严谨的小篆凵,及至汉代山,因简牍形制窄长,为了能够写下更多的文字而将字形压扁,再经过魏晋隋唐发展成法度严谨的楷书,点画特征皆已完备并沿用至今。每一个汉字发展的背后都反映着当时

的时代背景，凝结着人们的思想智慧，承载着中华文明的发展轨迹。每一种书体的独特风格都犹如漫天繁星般闪耀光芒，每学习一个汉字，都如与古人对话一般，知其历史，明其智慧。

二、专用为务，探索书法历史，品味艺术魅力

书法艺术自身的魅力通常表现为三个方面：线条美、结构美、章法美。对于书法艺术而言，线条是书法构成的基础元素，是书写者生命特征的体现，因此，指导学生体会书法艺术中的线条所具备的深厚内涵是书法教育的重要任务。线条力度的刚与柔，横竖的曲与直，运笔的快与慢，皆于提按、动静之间产生不同的韵律感与节奏感。而多样的线条组合形成了丰富的空间形态，即结构美。书法自象形开始就具备造型的意义，各种书体更是包含着平正、匀称、参差、宽博等不同的空间美感。章法美则体现在整体的视觉冲击力上，字与字、行与行之间的虚实、顾盼，随之而富于变化的落款印章，于矛盾冲突中重新达成和谐，令人赏心悦目。而书法艺术最大的魅力便在于线条、结构与章法从来不是孤立存在，而是相辅相成、互相依存的，书家通过毛笔对这几种要素进行对立与统一的整合，从而抒发淋漓尽致的情感。

真正把书法作为艺术追求的实践活动最早记载于汉末。赵壹在《非草书》中描述了当时人们狂热追求书法艺术的情形："专用为务，钻坚仰高，忘其疲劳，夕惕不息，仄不暇食。"[①]此时书法脱离了实用性而成为抒发情性的一门艺术，自此描述书法字体美以及品评书家书法作品的文章便层出不穷。蔡邕《篆势》、成公绥《隶书体》、卫恒《四体书势》等描述了书法艺术的各种体势美；萧衍《观钟繇书法十二意》中对笔法技巧进行了具体分析；南朝齐王僧虔《论书》中评价谢综书"书法有力，恨少媚好"，萧思话书"风流媚好，笔力恨弱"，[②]有了对书家风格的品评……可见书法的艺术魅力是在伴随着文字发展漫长的过程中逐渐被人们提炼发掘出来的，以至于今天书法的实用性虽然渐渐褪

---

① 上海书画出版社，华东师范大学古籍整理研究室. 历代书法论文选[M]. 上海：上海书画出版社，2014：2.
② 上海书画出版社，华东师范大学古籍整理研究室. 历代书法论文选[M]. 上海：上海书画出版社，2014：59.

去，而其艺术性却被无限地放大。因此，我们对小学生的培养，不仅仅是让学生去摹写那一横、一竖、一撇、一捺，拘泥于对字形描摹的框架之内，重要的是让学生感受不同书体所呈现的审美趣味与其独特的艺术魅力，更重要的是让学生了解该书体艺术特点形成的轨迹并赋予笔端。

三、书为心画，领略书家风采，传承创新精神

"字如其人，书为心画"。书法艺术以中国传统文化为背景，同时也是中华传统文化的精彩展现。在书法教学中，我们除了教授书法技法外，应更加注重引导学生对书家进行深入的了解，通过这种方式对其进行传统文化的教育，从整体上以一种更加宏大的视角陶冶其艺术情操，丰厚其艺术修养，训练与培养其品格。我们至今推崇颜真卿的书法，除了其书法艺术本身的魅力之外更因为其崇高的品格。因此学习颜体，应先去感受颜真卿的铮铮铁骨，从对颜氏一门忠贞不贰，誓死守护家国的壮烈事迹中感受颜真卿楷书宽博、厚重的正大气象，从而引申到对颜体书法学习中，更好地体悟颜真卿那种宏达的气度，并将这种感受在笔下展开，从而达到精神上的契合，这样的书法学习才更加有意义。

书法作品是书家进行书法创作时最直接的心理状态表现，是一个人的心灵寄托。篆书古朴、楷书方正、隶书圆滑、草书狂放，正如人之性格，而同一书体同一书家在不同的书写环境下所呈现出的作品姿态也是极其不同的。孙过庭曾言"（王羲之）写《乐毅》则情多怫郁，书《画赞》则意涉瑰奇；《黄庭经》则怡怿虚无；《太史箴》又纵横争折；暨乎《兰亭》兴集，思逸神超，私门诫誓，情拘志惨。"[1]优秀的书法作品之所以能够流传千年依然动人就是因为它是作者情感、志趣、意愿的真挚表达，而其呈现出的真挚情感和美好心灵也应当传承。《黄州寒食诗帖》是苏轼被贬黄州第三年的寒食节所发的人生之叹，才华横溢的他借助毛笔的挥运，将其抑郁失意之情泄于笔端，沉厚凝重的笔触形成块面感，视觉冲击力极强，仿佛让我们看到了他"空庖煮寒菜，破灶

---

[1] 上海书画出版社，华东师范大学古籍整理研究室.历代书法论文选[M].上海：上海书画出版社，2014：235.

烧湿苇"的窘迫境遇。全篇中字形大小悬殊而错落有致，完全随其心情波动而变化，展现了他独特的精神面貌和丰富的内心世界，被誉为"天下第三行书"。因此，只有使学生深入了解书家的精神品质，了解其创作背景和风格，才能更好地激发自身的艺术创作灵感，塑造优秀的品格，传承书法文化的精髓。

综上所述，中国书法既是一门艺术，也是一种文化。小学生是祖国的希望和未来，对其进行书法教育，重在继承和发扬中华民族传统文化，并在此过程中提升其艺术情操与修养。技法的训练是培养艺术素质的一种措施，而书法艺术教育的重点是通过技能训练深入了解古人的思想，使学生获得审美兴趣，提高其艺术想象力和创作热情，将中国传统文化艺术发扬光大。

潜心研究展教师魅力　团队协作建生态教研

陈丹丹

良好的生态环境是学校教育发展的丰沃土壤，有效的校本教研是教师发展的重要策略。我校以语文教研团队进行单元整体建设工作为抓手，持续开展系列教研，增强团队发展意识，促进有深度、有宽度、有温度、可持续发展的生态教研模式的形成。

一、精神引领，人文做教研

在学校"青悠"教师文化引领下，青兰语文教研组以兰花的清雅心境和坚韧品性作为教研组文化底蕴的精神核心，在教研中怀揣执着的教育情怀和坚贞的教育追求，不畏艰辛，勇攀高峰。

在部编版一年级语文下册第六单元的整体课程建设中，青兰语文教研组围绕小学语文单元整体教学模式的研究，进行了准备学习月—集体备课月—初步磨课月—深入改进月—展示成果月—总结提升月的系列教研，充分利用教师不同优势，承担不同教研任务，切实做到人人有任务，环环紧相扣，真抓实干促进了教研行动，潜心研究展现了教师魅力。

二、深入研究，理性做教研

（一）教研专题开展背景

学校围绕教学常规与特色校本教研、教育科研、教师发展等方面展开教学工作。以"聚焦学生实际获得"为主题进行教学校本教研是我校教研方面确立的长期目标。同时，学校以通州区单元资源建设为契机进行重点学科建设，以青兰语文教研组团队发展探索生态教研模式，探寻教学工作新做法、新思路，提升学校整体教学水平。

（二）教研专题理论基础

抓牢朴素的理论依据。我们首先坚持《义务教育语文课程标准（2011年版）》指出的"语文课程是一门学习语言文字运用的综合性、实践性课程"，努力培养学生：喜欢学习汉字，有主动识字、写字的愿望；结合上下文和生活实际了解课文中词句的意思；在阅读中积累词语；对周围事物有好奇心，能就感兴趣的内容提出问题，结合课内外阅读共同讨论。从语文学科核心素养来看，建立学习与生活的联结，正是引领学生从被动学习到主动学习的过程。

探究科学的理论支撑。单元主题教学是实现小学语文深度学习的路径之一。小学语文深度学习是以小学生语言文字运用能力的培养为目标，师生围绕小学语文学习内容中适切的单元主题，通过共同与语文学习内容、言语实践情境、自身语文经验进行"对话"，使学生与语文文本中的语言内容建构全新关系的过程。维果斯基的"最近发展区理论"认为教学应着眼于学生的最近发展区，为学生提供带有难度的内容，调动学生的积极性，发挥其潜能。

在以上理论基础的研究中，我们明确了"单元整体教学"需要立足整体，着眼全局，有效帮助教师从宏观上设计课程，更好地扩大学生的"最近发展区"，促进学生的深度学习；要与生活实际相结合，实现课内外衔接，让"语文的外延等于生活的外延"。因此，我们设置了任务式教学和关联式教学，力求为单元内部教学和整册书教学搭建桥梁，为学生深入语言实践打下坚实基础。

三、躬行实践，真实做教研

（一）"双线"融合，构建立体教学框架

远处着眼，近处着手，教研组立足教材纵横看关联，明确"双线"。纵向上，我们通过教材分析梳理了不同学段学生词语了解能力进阶、朗读能力进阶、识字写字能力进阶、综合性学习能力进阶，探索学生的学习发展规律。横向上，本单元围绕"夏天"这个主题编排了《古诗二首》《荷叶圆圆》《要下雨了》三篇课文与《语文园地六》。三篇课文从不同角度描绘夏天的特点，让我们感受到夏天的乐趣、美好、奇妙。本单元的语文要素是"联系生活实际了解

词语的意思",这一语文要素指向的是培养学生理解词语的能力,使学生通过课文建立学习和生活之间的联系。

(二)"板块"教学,细化单元教学目标

了解学生情况,探析教学需求。我们通过对学生理解词语以及对夏天的感受进行调查发现:学生已初步形成词语学习能力,但自我"了解词语能力"和"联系课本与实际生活能力"较弱,他们主要通过请教老师或家长的方式来获取词语知识;学生喜爱、享受夏天,在夏天做了非常多有趣的事情,同时,他们也认为夏天是"美丽的""舒爽的"。基于对学生的调研,我们认为要在学生之前学习词语的基础上,构建起学生语文课本和实际生活之间的桥梁,提升学生对自我生活的关注能力,为本单元的语文要素"联系生活实际了解词语的意思"打好基础。因此,我们从学生角度出发安排《古诗二首》,通过"看图片、做动作"的方式,建构古诗和生活的联系,让学生体会诗人眼中夏天的乐趣;在教授《荷叶圆圆》这一课中,我们借助"做动作、想画面"的方式,让学生了解重点词句,感受作者心中富有童趣的夏天;我们在《要下雨了》这一课中引导学生通过"想生活、谈感受"的方式,了解抽象词义,比如"闷""潮湿""阴沉沉",让学生体会夏天天气的神奇。

基于实际情况,定准教学目标。①认识44个生字和1个偏旁,读准1个多音字,会写21个字。②能正确朗读课文,读准字音,读好问句和感叹句。③能运用联系生活经验、结合图片等方式理解"摇篮""潮湿"等词语的意思;学习"荷叶绿绿的,圆圆的"这类句子的多样化表达,并看图练说。④能读出古诗的节奏和儿童诗的韵味,能分角色读好文中的对话,尝试依据课文句式相近、段落反复的结构特点,背诵课文。其中,单元教学重难点是:①能运用联系生活经验、结合图片等方式理解"摇篮""潮湿"等词语的意思;学习"荷叶绿绿的,圆圆的"这类句子的多样化表达,并看图练说。②能完成"夏天小使者的宣传报",进行语言积累与运用。

合理规划板块,细化教学目标。首先,明确人文主题和语文要素,确定了单元主题。人文主题为"夏天",本单元主题为"走进夏天"。语文要素为"联系生活实际了解词语的意思",具体细分为"架桥梁、系生活、解词义、享夏天"。其次,在本单元教学中,我们采用多种学习方式,建构了有机教学体系。

我们对教学内容进行了顶层设计、系统思考，找到本单元课文与课文、课本与生活之间的关联点，采用了五种学习方法：任务式学习、关联式学习、递进式学习、情境式学习、体验式学习，构建了课内教学与课外观察相结合的有机教学体系。再次，落实单元教学，板块式教学分解目标。预习板块，走进夏天；精读板块，了解夏天；复习板块，赞美夏天。最后，任务式教学形成单元教学成果。以"争当夏天小使者"为主线，让学生在本单元的学习过程中完成"夏天小使者的宣传报"。学生完成后，把宣传报布置在教室中，这样做的目的是为了将教学生活与语文学习紧密相连，为学生营造夏天的快乐氛围，从而激发学生的生活热情。在不同的板块中，在细化的目标引领下，以任务式学习贯穿始终，为学生带来积极而又愉悦的学习体验。

（三）持续评价，促进素养形成

围绕教学目标的达成，从朗读、背诵、书写、单元整理（积累夏天的谚语、书写文中生字、绘制夏天宣传报）四大方面进行过程性评价，在评价中组织学生进行自我评价、同桌互评，让学生从不同角度参与评价，促进教学评一体化，促进学生综合素养的形成。

通过校本教研，语文教师团队明确了"双线"融合构建单元立体框架，板块式教学细化单元教学目标，持续性评价贯穿单元教学过程，任务式教学促进单元教学整合的教学方法，为学生的语文核心素养发展持久助力。同时，我校加强了团队发展意识，持续开展了系列式、递进式教研，初步形成了有深度、有宽度、有温度、可持续发展的生态教研，达成了学校"钻研理论专业知识，反思共享教学经验，研究解决教学问题，碰撞创生教学智慧"和教师团队潜心教研、同心共生的教育期望。

教育生态观下构建低年级一体化体育课程

王颖斌

习近平总书记在全国教育大会上强调,"要树立健康第一的教育理念,开齐开足体育课,帮助学生在体育锻炼中享受乐趣、增强体质、健全人格、锤炼意志。"小学低年级学生正处在长身体的时期,他们天真可爱,活泼好动,特别喜欢上体育课和参加体育活动,所以这一时期是他们发展身体、增长知识和进行教育的最好时期。我校在以人为本的教育理念下,以"天天锻炼、健康成长、终身受益"为目标,从课堂教学、课内外衔接、培养兴趣、提高技能出发构建一体化体育课程,形成符合学生身心特点的低年级体育教育生态。

一、观念先行,构建有效有趣的课堂教学

教育生态观既是一种教育理念,也是一种教育实施策略,它是一种系统观、整体观、联系观、和谐观下的教育观。其目标是为了促进人的全面发展,其实质是把教育发展看作全面的、系统的、协调的和可持续的发展过程。课堂是体育课程一体化实施的主阵地,教师要树立"以学生为主体,以教师为主导,以学生发展为本"的教学理念,把课堂还给学生,营造良好的学习情境,努力构建有效有趣的小学低年级体育课堂教学。

(一)设计适度有趣课堂

小学低年级学生具有好玩、好动、求新、求异的心理特点,同时他们正处于身体发育阶段,其骨骼硬度小,韧性大,易弯曲变形;肌肉力量小,耐力差;心率快,肺活量小,负氧能力差,易疲劳。这些都表明学生的运动负荷不能过大,运动时间不宜过长,否则,非但起不到强身健体的作用,反而会给身体健康造成影响。教师只有充分了解以上小学低年级学生的身心特点,才能以学生为本制定合理教学目标、引领学生发展。教学目标过高则难以实现,就会

使学生丧失信心，但是过低又无法起到激励的效果，教学目标的制定应该具体明确，有可操作性，还需符合学生的实际水平。如跳绳运动对小学低年级的学生来说，由于受到身体协调能力差和掌握跳绳的能力稍弱等因素影响，学习起来具有一定难度，教师可以设计握绳、徒手转动手腕、徒手跳甩一直到双手握绳试跳有层次有梯度的目标，适应不同层次学生的发展。

合理的教学设计是结合学生身心发展特点来设计教学活动的。合理的教学设计使学生对学习有兴趣、乐于接受，同时也学到和掌握科学锻炼身体的方法。教学设计应围绕主题，选择各种趣味性的游戏，以激发学生兴趣，调动学生的积极性，而对那些单调、乏味、重复的教材应进行改编，使其体现游戏性和竞争性，设计出符合学生身心特点的课堂教学活动，从而促进学生身心健康发展。例如，二年级《快乐的小青蛙》教学目标是引导学生初步体验单双脚跳的动作要领，发展跳跃能力，提高灵敏素质和协调能力。教师设计教学活动利用"荷叶"导入青蛙妈妈带领孩子们学本领，将学生们带入各种方式的单双脚跳的练习中，二人一组自由跳跃，再增加难度，五人一组合作探究，最后通过游戏"小青蛙捉害虫"巩固学习成果。

（二）驾驭高效多彩课堂

课堂教学的实施是实现有效教学的关键。教师要注重教学方法的运用和学习方法的引领，这就要求体育教师有很好的驾驭课堂的能力。教师通过有目的、有组织、有计划、有步骤、有针对性的教与学活动，使学生掌握一定的运动知识和技能，并养成终身体育的意识和能力。

体育课堂教学要有味、有趣、有实践、有思考，从而达到课堂教学的有效实施。有味是指在每一堂体育课上要有传授运动知识和技能的过程，做到精讲多练，讲练结合。有趣就是指选择的内容和方法要有趣和活泼。由于学生天生好动，兴趣广泛，教师采用有趣味和竞争性的游戏组织形式，有利于完成一堂课的教学目标。体育教学过程中在传授某种知识、技能时，教师不可以讲代练，让学生在实践中体验、感悟和掌握每个技术环节的要领、方法和作用才是培养运动技能的有效方法。教师利用学生爱模仿的特点，在教学中加入仿生、仿物练习，不仅培养学生观察力、模仿力和想象力，同时更加有利于学生对知识、技术的理解，实现练中有思。

在课堂上教师要充分激发学生的体育兴趣，满足他们的学习愿望，既让学生喜欢学、乐于学，又让他们知道学习的目的和意义，自觉主动地发展体育能力和个性，增强体力和智力，培养良好的思想道德品质。这样有利于培养学生的体育能力与完美的人格，为终身体育奠定基础。

二、多种途径，构建学校体育课程内容一体化

体育课程一体化实施就是采取不同的组织方式，在多种场所，借助多元化路径，多方主体共同努力发挥体育课程的育人价值和服务功能，从而更好地实现纵向衔接、横向一致、内在统一和形式联合四位一体的体育课程。我校体育课程在低年级学段内实现体育课堂教学、大课间以及其他学校体育活动交叉进行，形成有效的教育合力。同时，创新课余训练方式，并建立健全体育竞赛体系，推进学校、家庭与社会体育融合发展，构建学校一体化体育课程。

（一）课内以"学"为主

我校将学、练、赛三种形式贯穿在构建学校体育课程内容一体化过程中。体育课堂教学是体育课程一体化实施的主阵地，课内以"学"为主，把该学的学懂、学会。

（二）校外以"练"为主

体育课程一体化是校内与校外体育活动的结合，校外以"练"为主。为了让学生每天坚持体育锻炼，养成良好的运动习惯，我校创新校外体育活动方式引导学生"练"。我校根据低年级学生的年龄特点推出"居家锻炼小达人"系列公众号，如体适能训练包括趣味爬和走、趣味跳、翻滚等，指导学生在家与父母一起或自己独立进行体育锻炼，所练内容和学校课程相衔接，实现课内外体育活动一体化。

（三）以赛代练，强化能力

我校不仅组织学生参加各种校外比赛，还设立了各种校内竞赛，倡导全员参赛、以赛代练，强化能力。课堂以外的所有校内体育活动，如每天统一安排大课间、1小时的课外体育锻炼、竞赛活动等，都可以作为课堂的补充或延伸。我们根据体育课程进度和居家练习安排，采用个人自愿与集体竞赛相结合的方

式，每学期安排系列竞赛活动，如30秒开合跳个人竞赛、"快乐足球，快乐活力"校园班级足球赛、班级队列评比等。

我校通过学、练、赛等多种途径构建学校体育课程内容一体化，培养了学生的体育兴趣、爱好及体育锻炼的意识，让学生掌握了进行终身体育锻炼的方法，使学生积极主动地参加体育运动，为培养和形成终身体育锻炼习惯打下坚实的基础。

教育生态可持续发展原则就是要培养学生具有终身学习的能力，具有可持续发展的思想、意识、观念、能力，使学生不断地发展，以适应社会发展的需要。我校在构建一体化体育课程过程中，坚持培养兴趣与提高技能相促进的原则，遵循教育和体育规律，以兴趣为引导，注重因材施教和快乐参与，重视运动技能培养，逐步提高运动水平，为学生养成终身体育锻炼习惯奠定了基础。

后"疫情"时期教育生态革新的几点思考

刘 雪

2020年注定是不平凡的一年。

"疫情"的到来不仅对人类社会的方方面面产生了巨大的影响，也为整个教育生态和教师生命个体带来了一场前所未有的挑战与革新。每一位教育工作者都经历了由线下学校授课模式到线上网络授课模式的转变，也在这样的挑战中重塑了自我。在战"疫"取得决胜之时，广大教师要沉潜静思，是否从这堂"人生大课"中形成了大格局？是否能够把握这场疫情背后的成长契机，重新审视疫情过后的教育生态，从而拥抱更好的教育未来？下面是我的几点思考。

一、智慧教育时代的开启

众所周知，延期开学是打赢疫情防控战役的重要举措，可停课不应停学，成长不该延期。为此，集中在线上开展网络教学，开辟新的教学模式为学生传授知识、解惑答疑成为"互联网+"时代最为高效和科学的方式。这种方式也正式开辟出一条线上线下相辅相成、相互补充，信息技术与教育相融合的全新的教学模式。随着互联网、大数据、人工智能等信息技术的迅猛发展，教育形态正在发生深刻变革，而这场突发的疫情更是加速了智慧教育时代的步伐。全民居家隔离改变了教育的时空、情境、方式、内容等，线上教育、云端管理便成了非常时期的应对之策，更成为未来教育趋势的一个清晰信号。教师是这场教育考验的直接应对者，要着眼未来，透过非常时期，深谋长远发展。

然而，在这场提前到来的"检阅"面前，许多教师在信息技术运用和思维模式的创新上表现出诸多不适应，这应该引发我们更多的思考和检视。教师的信息素养水平关乎教育教学质量的提升和学校改革发展的进程，是新时代教师专业技能的一项必备素养。因此，我们应该深刻认知教育技术变革的力量，积极学习、运用现代教育技术，补齐能力短板，形成互联网教育思维，以信息技术服务于教育个性化发展，从而用智慧教育推动自身，带领学生在智能化的学习体系里得到长足的成长发展。

二、个性化课程建设的方向

经历了这样一个特殊的教育时期，我们要敏锐地认识到，疫情期间的教育具有特殊性、准备性、衔接性，蕴含了未来课程建设的生机。疫情危机承载的生命教育、科学教育、信念教育、爱国教育、感恩教育等是这个非常时期特别有价值的教育，线上线下学习交融的教育形态变化也是未来课程建设的方向。

教师是课程的实践者，更应当成为课程的开发者，要不断提高课程研究力、开发力、执行力、评价力，不断丰盈、促进学生生命成长的课程体系。教师既可借助学校的课程研发共同体进行集体探索，也可以依据自己的思考实践，开展个性化的个体研发。

疫情也再一次提示教师要拓展课程研究视角，要关注学生真实的生命状态，满足学生真正的发展需求，从现实世界里发掘课程的生长点，把学科间、课内外、学校与家庭及社会进行联系与整合，把书本知识学习和直接经验体悟相联结，进行"生本化"的课程建构，要善于梳理提炼疫情时期的教育经验，以课程的形式将教育成果固化提升。比如，如何以体验式学习方式给学生编发"生命教育"的系统课程；如何根据居家学习特点，进一步发挥家庭教育的作用，建构开放式自主探究类课程等。

疫情让我们重新陷入对教育的思考，也开启了对重建未来教育生态的探索。经历疫情后，教师更应强烈意识到核心素养、关键能力和必备品格已经成为学生步入社会、走向世界的根基。教师要具备前瞻性思维，立足时代和个人成长，引领学生认识世界、感悟生命、规划未来。

三、学习方式和形态的转变

一直以来，转变学生的学习方式是新课程改革的主要目标之一，但在实际教育教学中落实的情况却差强人意。到底什么是真正的"学会学习"？居家学习模式使学校和家庭的教育作用、教师与学生的主体作用相互易位，多元化、个性化、自主性、自定义的学习形态正在形成。我们应该深刻认识到，这场

"学习革命"并不是疫情时期的暂时现象，而是时代发展的趋势和教育发展的规律所在，要进一步明确自己不再是知识的搬运工和传递者，而是学习方法的指导者，价值观的引领者，家庭教育的协同者。

同时，疫情下的教育更清楚地表明，"学会学习"的关键指标是学生面向未来，具备自主学习、终身学习的意识、习惯和能力。面对未来教育的新常态，教师要更注重提高学生的自主学习能力、自我管理能力和自律意识，更关注学生情感态度、价值观及意志品质的形成，更强调学生养成自动自觉的学习习惯，让学生真正地学会学习，使习惯培养、能力提升、思维发展得到实质性强化，具备可持续发展的内生驱动力。

四、家校协同教育的突破

疫情之下，构建学校与家庭协同育人共同体显得十分迫切。特殊形态的教育让家长真实地回归到"人生第一任老师"的角色，在这个过程中他们有焦虑、有迷茫、有冲突，但阵痛背后，教育正迎来新的希望。教师是"停课不停学"的具体实施者、见证者和参与者。特殊时期家校共育的思考实践暴露和放大了的家校共育问题，而这种暴露在外的问题，恰恰是未来教育的突破口。

我们要思考，教师要如何进一步发挥对话者、协同者、指导者的作用，积极推动现代家庭教育转型，让家长懂教育、懂学校，指导和帮助家庭成员更新家庭文化，在与学校教育的深度融合、紧密对接、智慧合作中，建设"学习型家庭"，共建教育的新生态。

疫情终将过去，我们相信它带来的正向价值一定会成就未来更好的教育。而经历和正在经历这一切的我们所生发出的反观、求索、积淀、改进，必然会推动教师思想境界的提升，专业能力的重塑，教育理念的革新。后疫情时期，我们要继续探寻教育可持续、常态化的发展之路，转变思维方式，以新的思维重构确定性，以更加包容的态度应对新常态的教育工作，从而深远影响和促进未来的教育生态发展。

教师大"变身"巧破英语阅读"花盆效应"

马梦寻

《基础教育课程改革纲要》中提到"教师要转变学生的学习方式，通过教学内容、形式、手段、方法，创造恰当的教学环境，培养学生搜集和处理信息的能力、获取新知识的能力、分析和解决问题的能力以及交流与合作的能力。"作为一名英语老师，我总是听到学生们抱怨："英语阅读太困难了！有的单词根本不认识。"有的学生说："英语阅读对我来说太难了！我不喜欢阅读。"当我知道学生的想法后，就努力教授他们特殊的技能和方法，来帮助他们攻克英语阅读的难关。的确，在日常教学实践中，作为一名老师我也总是在教授课文对话时热情高涨，而对阅读课总是"胆战心惊"，不知道为什么学生总是"满脸天真"，直到"花盆效应"这四个字出现在我的搜索字典里。美国教育家、前哥伦比亚大学师范学院院长劳伦斯·A·克雷明在教育生态学理论中提出了"花盆效应"（生态学上称之为"局部生境效应"），其含义是花盆里栽不出万年松，花盆是一个半人工、半自然的小生态环境，在空间上有局限性，还要人为地为之创造适宜的环境。因此，花盆内的个体、群体其生态阈值下降，生态幅变窄，生态价下跌，一旦离开此小生态环境，个体、群体会失去生存能力。反思我的英语阅读课堂，我决定要从自身改变，要肯定学生的见解，珍视学生的发现，努力"变身"帮助学生打破"花盆效应"，让学生在自主的学习中碰撞出创新思维的火花，自寻阅读方法和策略，逐渐养成良好的阅读习惯，主动阅读，爱上阅读。因此，在我的英语课堂中，便出现了老师"大变身"英语阅读课堂模式。

一、课前变身"小侦探"

（一）发现学生的趣味点

每当在下课时，我总会发现学生津津有味地捧着各式各样的课外书。甚至在课上我有时还会把他们心爱的书籍"收缴"上来以示警告。起初我并没有理会这些"垃圾"材料，可是后来在教育生态中读到这样一句话："教育生态系统的整体效应，'牵一发，动全身'；一种生态行为的产生受到全局性的多因素影响，这都是整体效应的体现。"课标中也提出教育要面向全体学生，从学生的角度出发。于是我把目光又瞄到了那些"垃圾"，原来材料就在我眼前。之后每次给学生教授阅读课时，我总会先留心观察学生的喜好，找到学生的兴趣点，因为我发现学生是否具备相关的背景知识以及能否及时激活这些知识决定了学生能否理解阅读材料并获取信息。只有触及并激活了学生那些已有的知识储备和经验，学生才能侃侃而谈，才能增强学生的自信心，激发学生的学习兴趣，帮助学生更快更好地进入阅读状态。

例如，攀登英语 *I want to move, Daddy Robot, Feelings, The Food Action* 这些贴近学生生活的小故事，在进行故事阅读教学时，学生便很快投入，并因为熟知故事而对于出现的一些生词、难词都可以猜测出其含义，从而能够更好地阅读理解故事，为后面的复述故事打下基础。

（二）扫除学生的障碍点

学生在阅读时总会遇到陌生的单词，此时他们往往不知所措，甚至苦思生词不肯放手，这导致阅读活动无法顺利进行，不能按时完成阅读任务。因此，在阅读前我会安排好查阅单词的任务，让学生动手自己翻阅查询生词。如果学生还不能理解我会运用图片、实物、肢体语言或者结合上下文猜测来帮助学生理解生词。

（三）激发学生的兴趣点

大多数学生对英语阅读都没有兴趣，有的学生甚至还会因为觉得难而产生消极心理。这就需要教师不断挖掘，结合小学生心理特点——好奇心强、好动、好玩、好表现，针对不同的阅读资料设计出新颖有趣的教学活动，及时吸引他们的注意力，让所有学生都参与到教学活动中来，学会用英语表达。

例如，在教授攀登英语 *I want to move* 时，我是这样引导学生阅读的：

T: Tom doesn't want to live in the burrow. Where does he want to live? Guess.

S1: He wants to live in a house, like my house.

S2: He wants to live in the zoo.

S3: He wants to live on the tree.

T: Are you right? Let's read and fill in the blanks.

学生比较喜欢这种猜测活动。猜测活动能充分发挥学生的想象，集中学生的注意力，激发学生的好奇心，让学生很快进入阅读状态。

二、课中变成"大笨蛋"

课标中提到：小学英语阅读教学的目标是激发学生的阅读兴趣，让学生读懂简单的故事和文章，掌握基本的阅读方法和技能，养成良好的阅读习惯，形成有效地获取书面信息并对信息进行简单分析、推理、归纳、判断和评价的能力。在"花盆效应"中也提到"一旦离开小生态环境，个体、群体会失去生存能力"。于是在阅读教学中，我采用了略读、寻读、精读等方式，引导学生整体感知语篇，了解文章大意，获取具体信息，帮助学生掌握阅读技巧，培养学生自主学习能力。

（一）略读寻大意

在阅读中总会遇到生词，我告诉学生不必理会。阅读前我会请学生充当老师的角色根据课文内容提出几个问题，阅读中我会和学生一起阅读，暗中帮助学生整体把握文章的主要内容。

例如，在 *I want to move* 绘本教学中，学生就提出了两个问题"How many people are there in Tom's family? Who are they?"在一名学生的问题引导下，每名学生都跃跃欲试，希望自己可以找出文章的人物关系，体会主旨大意。

（二）跳读获信息

当学生通过略读了解文章大意后，就要求学生获取具体信息。例如，对于上述学生的问题"How many people are there in Tom's family? Who are they?"让学生快速找到答案并完成填空，这样的教学活动简单有趣，学生的参与率高，能满足学生的好胜心理，初步培养学生捕捉具体信息的能力。

（三）精读找细节

要想理解文章内涵，仅仅了解文章的基本框架是不够的，我会再设计活动，引导学生关注文章细节。例如，学生完成了填空活动后，我会让学生精读文章，完成连线，找出Tom到底去了哪，使学生正确理解文章的每一个细节，把握文章的关键内容。

（四）问答懂内涵

在小学英语阅读教学中，教师还要训练学生有效地获取书面信息，并对信息进行简单分析、推理、归纳、判断和评价。大多数学生应该都能获取文章的表面信息，但是理解文章的隐藏含义对于他们来说有一定难度。因此，在学生充分理解文章内容后，我会挖掘故事的内涵，培养他们的分析、推理、判断等能力。例如，当故事结束后，我会问："I think Tom will not leave his burrow. How about you? Why?"让学生在小组内讨论并提出自己的见解，进而升华主题。

三、课后变成"小伙伴"

在完成阅读后，教师要设计教学方案检查学生是否真正理解了故事并掌握了关键句型。我一般会成为学生的"小伙伴"，带领学生一起进入角色复述故事，久而久之，学生接触了越来越多的故事后，我相信他们每个人心中也存在着自己的故事，我会和他们一起创编新的故事。小学生天真活泼，想法千奇百怪，这样可以更好地激发他们的学习兴趣。

或许影响阅读教学的因素有很多很多，但是我相信如果老师能够"大变身"，帮助学生打破"花盆效应"，创造和谐的教育生态环境，让学生主动阅读，快乐阅读，自主掌握知识，学生的阅读兴趣和阅读技巧就会集腋成裘，英语阅读水平也会逐步提高！

第九部分

北京市通州区西集镇中心小学篇

北京市通州区西集镇中心小学坐落在风景宜人、碧水绿波的北京市通州区东南端。学校始建于1921年，与党同龄，是一所具有生命活力、富有办学特色的农村中心小学。学校下辖五所完全小学，有在职教师138人，其中高级教师9人，整个教师团队充满奋发向上的朝气。

　　春风吹绿运河岸，书声琅琅百花鲜；涓涓文化浸润着校园，莘莘学子洋溢着成长。学校秉承"诚信立根、文化浸润、内外兼修、和谐发展"的办学理念，秉持"构建和谐育人环境，实施立体化教育"的办学思路，以"实施民俗教育，塑造健全人格"为办学特色，以中华传统美德教育为突破口，以忠、孝、礼、诚、信为德育目标，以立德树人为根本任务和根本标准，全面提升课堂教学质量，促进教师专业化发展，培养学生良好素养，努力实现"诚信育人、和谐育人、均衡育人"的育人特色。

整合社会力量　优化"合力"教育生态

金　卉

20世纪70年代出现了"教育生态"的概念。"教育生态"关系到教育发展的长远考虑（现在与将来的关系）、全面考虑（教育与社会其他部门的关系），以及教育体系内部各个方面的相互关系，堪称是用"生态"的视角来探讨教育发展。随着社会的进步，教育生态发生了变化。变化的关键是教育的范畴势必会扩展到学校以外；学生的学习必然遍布全社会，不可能再局限于学校。学校教育对人的发展的作用是有限的，承认这一点尽管痛苦，但是很有必要。这就意味着教育资源的投放势必要把重心降低，也就是从聚焦学校转为聚焦学生。学校作为学生学习的中心和枢纽更显重要：统筹学生的学习，提供唯一稳定的群体生活，对学生成长进行个别辅导，为学生选择适当的学习内容和途径；等等。学习必然越来越个人化，而全社会的资源（包括政府与民间）必须分配到社会的每一个角落，支持每一名学生的学习。这也许就是教育的新生态。目前，社会各个层次、各个方面都很重视教育，这是件大好事。学校作为主体，集成学校内部的资源、其他学校的资源、社会的资源，以及国内外的各种课程资源十分必要，但是目前最容易实现也是最关键的应该是努力构建家、校、社"合力机制"，以此促进立德树人根本任务的达成。

一、激活用好社会资源

未来学校要实现优质发展，应重视资源平台的打造与完善，要优化对外关系"开门办教育"。未来学校将是一个资源集成和配置平台，学校要积极挖掘统筹社会资源，要"开门办教育"，积极主动地争取校外一切有利于学生发展的条件，尽最大努力盘活社会资源为我所用。

社会蕴含着丰富的教育资源，大量人力、物力、财力和各种现代化设施，为学校教育的延伸提供了广阔的时间和空间。且不说公认的国家爱国主义教育基地、各大博物馆、社会大课堂基地，就我们镇域内而言，就有足够的资源等着学校去挖掘，去利用。有知名企业"北京汽车""珠江钢琴"可以让学生了解企业文化、感受科技的力量和劳动的价值；有消防中队和安委会可以直接学习消防和安全知识，可以深入其中感受消防队员和交通协管员的工作内容和体验消防设施、交通设施的实际操作和用途；有团委和青年汇可以让少先队员们一起参与活动，提前感受共青团的力量和青年人的朝气蓬勃；有小镇邮局和银行让学生进行职业体验，了解专业知识的同时感受服务家乡人民的平凡和乐趣；还有大运河之子刘绍棠、潮白河畔六烈士、参加过抗战的老党员、牺牲在岗位上的武警官兵……他们的事迹值得学校去挖掘，去宣传；他们的精神值得学生发扬和继承。社会不但有着数不清的场地和人文资源，还有很多关心下一代成长的领导、长辈、志愿者，他们不奢求什么"教育者"的桂冠，都愿意敞开心扉，张开双臂等着为学生们服务。这么多的社会资源，只要学校打开大门，有效整合，一定能够完成促进学生发展的教育使命。2013年开展"课后一小时"以来，学校充分挖掘和利用协会资源，为学生的发展奠定了坚实的基础。北京市空竹协会与我校建立了长期合作关系，我们有长远发展规划。空竹协会的老师们很多都是非遗传承人，而且经常参加国际、国内最高级别空竹交流和大赛活动。他们技术过硬、眼界够宽，能够精准指导学生的空竹技艺，更能把空竹的文化精髓在课堂上渗透给学生。通过他们的支持学生不仅在北京市空竹大赛上取得了非常好的成绩，还有机会登上电视台展示、与空竹大师张国良零距离交流。近年来我校也成为北京市空竹协会的教育基地，学生将有更多的机会参赛、展示、交流，他们不仅提升了技能，也开阔了眼界，我们实现了校外资源的最大教育价值。通州区科学技术协会也是我们长期合作的资源之一，他们为学生带来先进的科技体验项目、指导学生进行科技制作，让农村的学生有机会接触和了解3D打印、机器人编程等现代科技教育项目，也打开了学生从小爱科学的智慧之门。通州区作家协会使学生们与作家开心畅谈，走进喜爱的著作，激发了学生用文字进行表达的欲望，提升了学生的写作技能，最重要的是让学生爱上读书、爱上写作，这些都是学校老师面前的"大山"，却被大师们轻易翻越。

现代社会需要的人才，既要有良好的思想道德素质、心理素质和身体素质，又不能缺少建设高科技社会、发展知识经济所需要的优秀的文化科学素养，以及适应现代社会的各种社交素质。这些素质的培养，其知识覆盖面之大，其能力训练要求之高，是学校单方面无法完成的。学生来自社会，置身于纷繁复杂的社会大背景之中，学校有效把握、合理利用社会资源一定会有意想不到的效果。《中国教育改革和发展纲要》中规定：全社会都要关心和保护青少年的健康成长，形成社会教育、家庭教育和学校教育密切结合的局面。家长应当对社会负责，对后代负责，讲究教育方法，培养子女具有良好的品德和行为习惯。

二、家庭教育力量整合

在与学校相关的所有社会公众中，学生家长与学校的联系最紧密，是对学校工作最认真、最关注的评判者，也是学校形象最主动、最积极、最有影响力的传播者。因此，家庭是一支重要教育力量，家长参与教育是教育力量整合的重要内容。

学校在充分认识到家长以及家庭教育的作用和现状后，整合家庭教育理论，激发家长参与学校工作的热情，深挖家长中蕴含的教育资源。首先，学校要准确定位，尽到组织者的责任和义务，做好管理者的工作，扮演好服务者的角色。学校要引领广大教师认识到家长对学校、对孩子的高期待，换位共情思考问题，多角度考虑与家长的沟通问题，理解家长，宽容以待，这样才能为家长参与学校管理打好基础。"管理式参与"是学校进行家校合作的愿景和目标，大到学校制度的制定、学校发展规划的拟定，小到活动的开展方案、学生日常管理等，充分听取家长的意见，结合大众需求开展工作才能离"办人民满意的教育"越来越近。其次，要给家长提供展示的舞台，在舞台上会展现出意想不到的能量。学校通过家长学校、家长课堂、家长志愿服务等途径，给家长制造浸润式的参与机会，在参与过程中发挥主动性、创造性、展示出自己的特长，不断增强参与学校活动的自信和热情。最后，也是最普遍的做法，就是加强学校与家庭、教师与家长的有效沟通，通过公众平台、家访制度、家长开放日等途径，与家长充分接触讨论学校发展、教育问题，在平等沟通中了解最真实的情况，最直接的想法。

基于对家长参与是教育子女的重要条件的认识，学校力求让家长在教育孩子方面起关键作用成为学校教育整体改革方案的中心人物。对于在学校教育中贡献自己的力量，绝大多数家长还是愿意的。但是如何利用家长的优势，使其充分参与学校教育的做法目前还不尽相同，需要进一步研究和探讨。国外一些做法也值得我们借鉴和学习。比如，日本有些学校"与家长共同创造教学"的做法将原来的家长参观教学模式变为辅助教师教学的共同参与模式，化解了当前"密室抚养""密室教学"的危机，挖掘能够辅助教学的家长资源共同构建学习共同体，取得了良好的效果。

未来教育给学校教育带来更多挑战，它要求基于学生整个人生的长度衡量学校教育对学生整体生命成长的意义与价值。成长永远是生命个体自己的事，教育只需要给他一个促进生长的平台。因此，我们要以生态理念整合社会力量，优化"合力"教育生态，集"大家"之力培养面向未来的时代新人。

农村小学教育生态优化路径浅析

闫雪青　刘长成

一、新时代农村小学的教育生态现状

李克强总理在政府工作报告中提出，推动城乡义务教育一体化发展，教育投入继续向困难地区和薄弱环节倾斜。实施农村振兴战略，首先要振兴农村小学教育。农村小学教育的落后面貌不改变，农村振兴战略就无法全面落实。

目前我国教育事业正在全面快速发展，但农村的小学教育仍然是我国教育最大的短板，教育发展中最大的不平衡仍然是城乡发展的不平衡，最大的不充分仍然是农村小学教育发展的不充分。[1]现阶段我国优质教育资源主要集中在大城市，而农村区域不仅没有高等教育资源，优质中小学教育资源也比较缺乏。农村地广人稀，教育网点分散，学校规模偏小，每位教师都要身兼数职，教师不能得到专业的发展。同时，农村小学教育硬件条件相对落后，教师队伍流失严重。

二、农村小学教育生态优化的重要性

农村小学教育不是城市教育的复制粘贴。罗振宇在跨年演讲中介绍过一所山村小学——北京九渡河小学。由于学校缺老师，于是校长招来了会做豆腐、会剪纸、会养鱼的辅导员，甚至还有厨师，让学生跟着学。学生们要学会做豆腐，还得把豆腐卖出去。整个过程中，计量、换算、正确的配比，写招牌和文案……语文、数学各类知识都得会、都得用。它将村庄变成课堂，这样的实践正是对教育适应当地环境并与之互动的体现。

---

[1] 杨贵平. 推进农村小学教育促进可持续发展　建立绿色生态文明学校和乡村［J］. 可持续发展经济导刊，2021（Z2）：70-72.

农村小学教育，本身自有得天独厚的资源，诸如自然、乡风、民间文化，让它们走进课程，给予孩子乡土化、自然化的教育，这也只是一种探索。[①]农村小学教育发展不充分，根本上还是质量问题，即学生认知技能和非认知技能发展问题。学习成绩落后、兴趣衰减的积累效应，使农村学生后期学习面临更大挑战。要依托乡土建立独特的教育生态圈，还有待更多领域拓展、互联，以思维转变赋予农村小学教育更多可能。

三、农村小学教育生态优化的具体路径

（一）基于智能在线技术优化教学设备支持体系

随着农村学校办学条件持续改善，尤其在宽带网络和多媒体设备全覆盖的背景下，学校要组织开展教师信息技术和数字资源应用能力全员培训，实现农村教师特别是中老年教师"信息化通"，使在线教研、远程网络备课、翻转课堂等教育教学实践成为规定动作，形成"人人用、课课用、堂堂用、时时用"的信息化教学新常态，使现代信息技术与课堂教学深度融合。

农村小学教育还要积极争取各类公益项目的支持，最大限度弥补农村小学教育音体美等专业师资不足问题，解决课程开设不齐、不足问题。[②]农村小学教育要打造一支优质稳定、高效又有底气的师资队伍，为农村师资"输血"；打造城乡携手教师交流、联盟办学送教下乡等平台，为农村师资"换血"；通过名师工作室、高效课堂、多级培训，提升教师专业素养，为农村师资"造血"。教育步入新发展阶段后，推动农村小学教育振兴需要内外联动，不仅要引入资源和组建城乡教育共同体，更要转变思维；准确定位其"农村"属性，坚守"为农而教"的价值取向，强化乡土文化教育。这样才能激发农村学校内生动力，激活农村独有的、属于未来的教育。

---

① 杨慷慨，张希亮.城镇化进程中西北农村小学教育发展的应然取向——基于甘肃省的调查[J].现代教育科学，2021（2）：5-10.
② 朱虹.王志良：扎根乡村教育 奉献无悔青春[J].华人时刊·校长版，2020（12）：13-17.

(二)进一步优化完善农村小学教育的师资队伍体系

农村小学教育是我国实现农业现代化、促进农村经济社会发展、传承优秀农村传统文化、提高农民文化素质的基础。要办好农村小学教育,师资是关键,必须完善农村教师人才队伍培育和激励机制。各级政府要高度重视,在稳定和扩大规模、提高待遇水平、加强培养培训等方面采取切实可行的政策举措。[1]受城乡发展不平衡、交通地理条件不便、农村工作环境复杂、工作条件艰苦等现实问题影响,农村师资队伍流动性大,有经验的教师难以留住,骨干力量流失严重。每年招聘新教师,师资队伍年轻化,师资力量薄弱。农村教师队伍仍面临吸引力不强、优质资源配置不足、结构性缺编严重等问题,这些问题是制约农村小学教育发展和社会发展的瓶颈。

要解决农村教育师资队伍问题,首先,要在物质方面增加农村教师福利待遇,提高他们的获得感和工作回报率。其次,在精神方面注重对农村教师的荣誉激励,增强社会对教师工作的美誉度和认同感;[2]要突出教师主体地位,维护教师职业尊严和合法权益,关心教师身心健康。同时,建立完善的晋升机制,使有能力的教师脱颖而出,埋头苦干的教师发展有望。

(三)融入道德教育助力农村小学教育生态的充实完善

学校教育是学生生态道德教育的重要途径,知识教育则是学生获取生态科学知识、增强生态环保素养、提高生态道德观念的重要渠道。在生态道德教育中,农村学校应突出知识教育,引导和帮助学生正确认识人与自然的关系,树立热爱自然、尊重自然、善待自然、保护自然的生态文明理念,提高保护生态环境的实践认知能力。[3]

农村学校可利用现有的资源,强化办学特色,在执行教学大纲要求的基础上,灵活运用教学手段,挖掘教材内涵,拓展教材外延,充实教学内容,丰富教学方法,围绕生态平衡、珍惜资源、保护环境等方面,突出生态道德意识、

---

[1] 颜晓程. 城乡基础教育一体化发展的生态位困境及优化策略[J]. 理论月刊,2020(11):132-139.

[2] 丁泽生. 乡村教育中盛开的一朵"生态花"——江苏省泰兴市珊瑚小学生态文明教育纪实[J]. 环境教育,2020(9):85.

[3] 谭英. 幼小教育进入每个村庄是乡村振兴的扎根工程[J]. 行政管理改革,2019(12):66-72.

生态道德行为、生态道德规范、生态环境保护等教育内容，向学生讲授生态环境知识、资源利用知识、生态环境保护法律法规以及生态道德行为规范等。[1]教师要深入挖掘教材，加强各科之间的相互融合和贯通，寻找渗透点，扩大渗透面，使生态道德教育在各学科的交融互动中闪烁创造、智慧的光芒。

农村小学教育生态的构建与维护是一个需要国家、政府、社会以及各界力量共同关注的问题，同时也是农村可持续发展战略得以顺利推进的重要抓手。因此，需要有更多的人参与到促进农村小学教育和发展的工作之中，响应国际共识和国家政策，与专业团队密切合作，开发并提供可持续发展教育相关的培训课程；在地方与有关政府单位开展合作共建，重点培养当地民众对可持续发展重要领域的基本知识、态度和技能；依靠教师、学生、村庄带头人和当地民众建设绿色生态文明学校和绿色生态文明村，使之成为推动农村振兴和农村可持续发展的重要力量，让中国的未来更和谐、更可持续。

---

[1] 王红，邬志辉. 国外乡村教育生态转型的在地化实践[J]. 比较教育研究，2019（9）：98-105.

从整本书出发，构建生态阅读校园

潘世宇

相较京版教材，统编版语文教材做了许多改变，其中就包括"快乐读书吧"。它将整本书阅读，从课外引入课内。每册"快乐读书吧"各有一个主题，除了激发学生的阅读兴趣，还将书目的推荐和读书的方法渗透其中，对阅读进行系统的指导，贴合了《义务教育语文课程标准（2011年版）》"多读书、读好书、好读书、读整本书"的阅读要求。

培养学生阅读能力是语文教学的核心任务，教师们也在不断地进行学生阅读能力的培养研究和探索。而与传统阅读相区别，生态阅读能更好地提高教师的整本书教学能力，提高学生的阅读兴趣。

一、前期调研，了解现状

提高儿童阅读能力是素质教育的要求，是全面发展的能力之一。小学阶段是儿童培养语言技能，形成正确认知的基础阶段。小学语文教师要充分认识到提高学生阅读能力的重要性，帮助学生形成良好的阅读习惯，陶冶学生情操，提高学生的表达能力和写作能力。

生态阅读是一种以学生为主体，对学生的阅读兴趣加以重视的阅读模式。它是注重培养学生自主学习能力，尊重学生差异性的自由阅读。它通过激发学生的阅读兴趣，吸引学生阅读注意力，从而提高课堂实效。

然而，根据前期调研，我校师生及家长在阅读方面还存在以下问题。

1. 教师

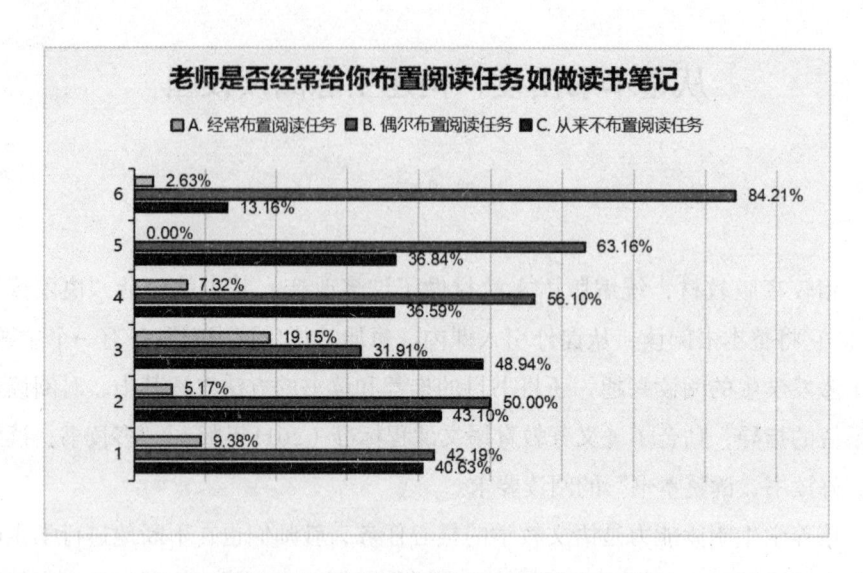

老师是否经常给你布置阅读任务如做读书笔记
A. 经常布置阅读任务　B. 偶尔布置阅读任务　C. 从来不布置阅读任务

年级	A	B	C
6	2.63%	13.16%	84.21%
5	0.00%	36.84%	63.16%
4	7.32%	36.59%	56.10%
3	19.15%	31.91%	48.94%
2	5.17%	50.00%	43.10%
1	9.38%	42.19%	40.63%

西集镇中心小学教师布置阅读任务情况调查结果

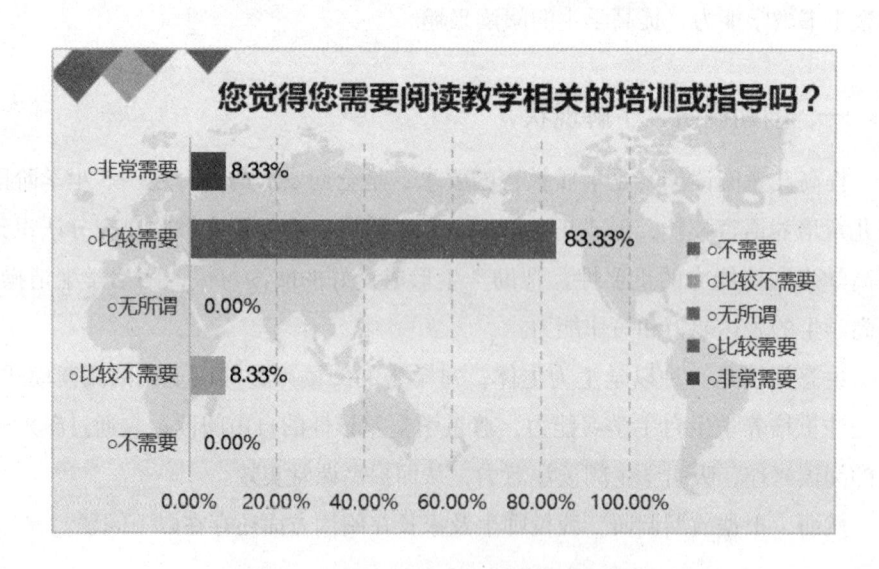

您觉得您需要阅读教学相关的培训或指导吗？

选项	比例
非常需要	8.33%
比较需要	83.33%
无所谓	0.00%
比较不需要	8.33%
不需要	0.00%

西集镇中心小学教师阅读培训需求情况调查结果

教师只是偶尔布置阅读任务，没有整体的阅读规划，这需要对教师加强指导，提高整体规划的意识。教师也迫切需要相关的指导和培训。

2.学生

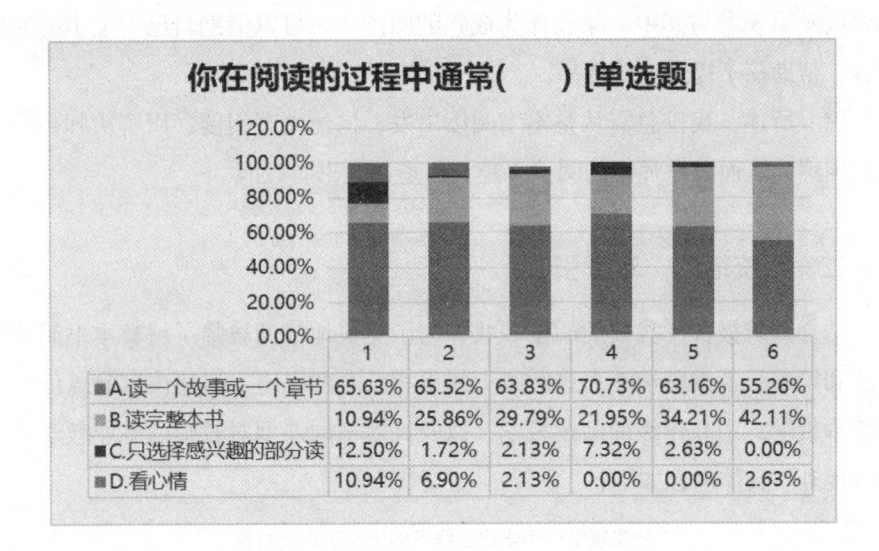

你在阅读的过程中通常（　　）[单选题]

	1	2	3	4	5	6
A.读一个故事或一个章节	65.63%	65.52%	63.83%	70.73%	63.16%	55.26%
B.读完整本书	10.94%	25.86%	29.79%	21.95%	34.21%	42.11%
C.只选择感兴趣的部分读	12.50%	1.72%	2.13%	7.32%	2.63%	0.00%
D.看心情	10.94%	6.90%	2.13%	0.00%	0.00%	2.63%

西集镇中心小学学生阅读情况调查结果

读一个故事或一个章节的学生较多，这就需要教师进行更多的整本书教学设计，提高学生的阅读兴趣。

3.家长

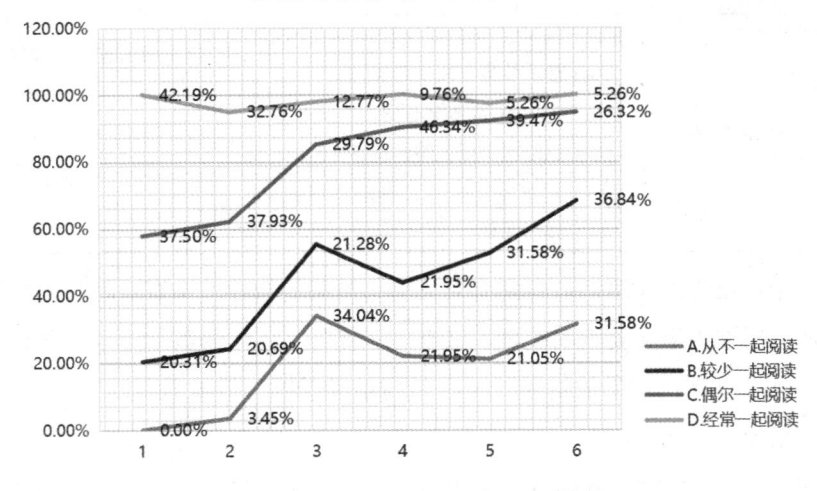

爸爸妈妈会和你一起阅读吗？

图例：
- A.从不一起阅读
- B.较少一起阅读
- C.偶尔一起阅读
- D.经常一起阅读

西集镇中心小学家长伴读情况调查结果

第九部分　北京市通州区西集镇中心小学篇

随着孩子年龄的增大，家长的伴读时间逐步减少。在开展班级活动中，教师要鼓励家长参与其中。家长作为成熟的阅读者，可以借助自己对文本的深度解读，帮助孩子提升认知水平。

综上所述，我校急需从整本书阅读出发，构建生态阅读，以解决师生及家长的困惑，从而激发师生的阅读兴趣，打造特色书香校园。

二、系统培训，专家引领

结合调研报告及我校的阅读现状，为了更快地辅助教师了解整本书阅读的方法和策略，学校聘请专家进行线上线下相结合的讲座。讲座内容涵盖低年级的绘本教学，中高年级的阅读教学，以及针对不同课型对教师的专业教学能力进行提升。具体内容如下：

西集镇中心小学线上线下阅读教学培训内容

系统培训		
专业教学能力提升	共同备课	听评课
整本书教学框架设计、教学方法及策略指导	一年级《儿歌童话》阅读课程	一年级《会说话的手》
课内外阅读向生态阅读拓展	二年级《神笔马良》阅读课程	二年级《第一次上街买东西》
用"快乐读书吧"开展整本书阅读及教学建议	三年级《安徒生童话》阅读课程	三年级《三只小猪的真实故事》
统编教科书使用中应注意的几个问题	四年级 神的脉络传说—《中国神话故事》阅读课程	四年级《中国寓言故事精选》
生态阅读课内外结合	五年级 古典名著阅读三部曲—以《西游记》阅读指导为例	五年级《夏洛的网》
学会用绘本、看绘本写话	六年级《爱丽丝漫游奇境记》阅读课程	六年级《草房子》

从中可以看出，培训内容既有对方法、策略的指导，又有对教材的详细建议；既有对课内语文要素的梳理，又有"一篇带一本"的教学建议；既有对低年级绘本辅助课内教学的指导，又有对高年级开展"整本书阅读"、不同课型的教学指导。

在小学语文生态阅读课堂的探索中，教师在经历"专业教学能力提升""共同备课""听评课"后，对生态阅读的构建有了自己想法。

三、活动促进，师生共读

在生态阅读教学中，"读"是基础。一位没有阅读习惯的教师是不可能引导学生进行整本书阅读的。为了鼓励教师读书，我校将书籍阅读渗透到各个方面：

（1）与教研组活动相结合，如开展读书分享会、朗读比赛、整本书说课比赛等。

（2）利用每周二下午第三节无课的时间，进行全学科阅读，给教师看书的时间。

（3）定期配置图书，供师生借阅。

（4）各种比赛，如语文单项赛、跳绳比赛等，奖品以图书为主。

（5）市区级及以上关于阅读的征文，鼓励教师全员参加。

教师不仅要自己读书，还要和学生一起阅读。在师生共读中，教师不仅提升了自己的阅读能力，还能及时而有针对性地解决整本书阅读过程中遇到的问题。学校利用每天的晨读和午饭后半小时开展师生共读活动，也将晚上的亲子阅读纳入其中。阅读的地点可以是教室、阅读室或长廊，阅读的方式以共读和选读为主。共读是有明确任务的阅读，是需要指导的，因此书目来自"快乐读书吧"推荐。"快乐读书吧"每册一个主题，对学生整个学期的课外阅读起到提纲挈领的作用，能够解决"读什么"和"怎样读"的问题。选读是自由的阅读，用以保障学生阅读的广度，所以对书目没有硬性规定，各班可以结合实际自由选择。

共读与选读相结合实现了阅读深度和广度的整体推进，让学生不仅能读透，而且能读足。

四、多元评价，有效检测

《义务教育语文课程标准（2011版）》指出："生态阅读评价要综合考查学生阅读过程中的感受、体验、理解和价值取向，重视对学生多角度的阅读评价。"为充分利用评价检测来提高学生的阅读兴趣，促进学生生态阅读素养的提升，我校制作了《学生阅读成长手册》，学生人手一本，将读书过程中的精彩片断、心得体会等记录其中，并结合自己的阅读规划书，参加学校的评比活动。

  此外，评价还要关注学生阅读兴趣的培养及阅读过程的积累，所以我们也通过开展"经典诵读""复述情节""阅读明星""短剧展演"等方式组织学生交流阅读感受，通过交流"阅读批注""分享积累卡"等形式对阅读过程进行反馈。

  《新课程标准》中指出："对学生的评价应从甄别式的评价转向发展性评价，既要关注学生的学习结果，更要关注他们的学习过程；既要关注学生学习的水平，更要关注他们在学习活动中所表现出来的情感与态度。评价要反映学生学习的成绩和进步，激励学生的学习，帮助学生认识到自己在学习策略、思维或习惯上的长处与不足，认识自我，树立信心，真正体验到自己的成功与进步。"

  温儒敏教授曾说过："语文课改，读书为本。"我校将继续努力，通过生态阅读的构建，扩大学生的阅读视野，培养学生的阅读习惯，使学生习得阅读能力，使阅读走向"自主建构"的平稳之路。

德若盛开，蝴蝶自来
——基于教育生态学的小学语文德育教育路径

胡志芳　于　雷

近年来，构建良好教育生态的呼声越来越高，立德树人作为教育教学的根本任务，为教育生态的构建提供了新思路。"十四五"期间，学校必须加大教育教学改革，推动立德树人纵深发展。[①]而小学语文作为德育主阵地，必须发挥学科效能，陶冶学生情操，积极弘扬社会主义核心价值观，帮助学生构建健康的人格，提高学生思想素质，确保学生身心健康成长。

一、教育生态学与小学语文德育教育的相关性

教育生态学是对教育和周围自然环境、社会环境、规范环境等生态环境之间的相互关系进行研究的学科，与小学语文德育教育之间存在逻辑关系，主要表现在：一是关注主体与环境的相互影响。联系和共生是教学生态学最基本的原理，在此原理的支持下，主体与环境的关联会在一定程度上影响主体。小学语文德育教育的开展除依靠教师外，还受到外在环境因素的干扰，如学生认知、学校办学理念等，这些因素就成为小学语文德育开展的生态因子，所以教育生态学及语文德育教育都认可主体与环境之间相互影响的作用。二是两者均为动态发展过程。生态平衡作为一种动态平衡，是教育生态学最基本的理念；而小学语文德育教育同样是持续动态的过程，需要学校、教师和学生各方持续努力和推动，所以两者均认可可持续动态发展理念。

---

① 刘慧琴，赵敏. 中华优秀传统文化教育生态构建及其实践改进［J］. 广西社会科学，2020（8）：104-105.

二、基于教育生态学的小学语文德育教育路径

统编版语文教材课程的设置，在语文核心素养目标的基础上，从注重学科逻辑到更多地关注生活逻辑，更多地关注学生成长所面临的真实的环境、真实的需要；在育人目标上，更注重培养学生开放、灵活、自信等良好品质和独立思考能力，力求为学生创设更好的生态教育环境，发挥其最大的育人功能。

（一）紧密围绕教材，因地制宜开展语文德育

德国化学家尤斯蒂斯·冯·李比希在1840年提出限制因子定律，认为限制因子的作用是在生态因素缺乏或低于临界线的情况下发生，可以对机体的新陈代谢进行限制。随着教育生态学研究的推进，限制因子理论也成为教育生态学最基本的原理。在教育生态环境中，可以成为限制因子的因子较多，教师作为课堂生态的主体，必须深入研究会对学生发展产生影响的限制因子。为此，在语文课堂教学中，教师要善于根据学生的学情、性格、爱好、兴趣等因素，紧密围绕教材，有效把控德育教育的"度"和"量"。以《滴水之恩》一课教学为例，为引导学生感受"滴水之恩"中所蕴含的浓浓的人情味，我通过品读语句，感悟作者最开始对金龙始终保持不冷不热的态度；通过想象补白，结合金龙面对两次帮助的不同反应，让学生去揣摩金龙的内心活动；通过迁移联想，让学生去发现身边这类"滴水之恩"，并尝试运用课文先抑后扬的写作手法抒写身边感恩事迹。整堂课围绕教材，根据学生学情，循序渐进地带领学生去触摸"滴水之恩"的温度，去感悟哪怕是不经意的"小忙"也能浸润人心。

（二）发挥课堂主阵地作用，拓展语文德育路径

传统的课堂教学对教材的依赖性非常强，加之父母的宠溺，会削弱学生对现实生活的适应能力，这种现象在教育生态学上又被称为"花盆效应"，即在特定的环境下，花卉可以很好地生长，但是一离开外界所创建的环境，就很难经得起风雨。传统的课堂教学模式下，学生总是被动接受知识，缺少自主探究和学习的机会。所以，要想突破传统课堂教学所带来的"花盆效应"，就需要教师引领学生不断创新，在课堂教学中不断拓展德育路径，多渠道、多层次渗

透德育内容。比如，近几年经典诵读进校园活动如火如荼地开展，我就借助这一活动，依靠学校教育生态体系重构这一契机，选取了《三字经》《弟子规》《千字文》等读本要求学生利用早读课、课前三分钟进行诵读，让传统文化内化于心、外化于行。①再比如，利用语文课前三分钟，开展"安全小常识""孝道永流传""诗歌朗诵"等活动，学生轮流上台分享自己收集的内容，通过这样的方式不仅能够锻炼学生的语言表达能力，也让学生在收集材料的过程中养成良好的品质，真正发挥语文的育人价值。

（三）衔接课内外，拓展语文德育价值

小学语文学科凭借自身资源优势，在小学德育教育中发挥着不可忽视的重要作用。与其他学科相比，语文与我们日常生活联系更加紧密，这也就使得语文学科在思想、道德和文化内涵的承载上具有得天独厚的优势。比如，我会利用晨读时间组织学生观看《中国诗词大会》《朗读者》《中国成语大会》等具有意义的电视节目，而不是一味地进行说教，借助外部资源环境，让学生感悟传统文化的魅力，从而提高德育成效。当然，我们不仅要发挥课堂主阵地的作用，还要与课外有效衔接起来，将德育从语文课堂向校外拓展。在教学中我会利用传统节日契机开展实践课程，提高德育教育的实践性，让学生通过查资料、走访调查等方式进一步了解我国传统节日，并结合学校少先队系列主题活动，将德育从校园向校外、社会拓展，形成"课堂—学校—社会"的德育教育体系。如三八妇女节组织学生开展向妈妈献花活动，渗透"感恩"教育；在五一劳动节开展社会实践，让学生懂得劳动光荣的道理，让学生通过亲身参与知道每一个岗位都值得我们尊重，并在活动中感受劳动的乐趣。总之，小学语文德育教育是持续动态的过程，教师要利用好每一个契机，有效渗透德育教育，真正践行立德树人，构建起良好的教育生态。②

在良好的教育环境下，虽然学生外在的学习状态是辛苦的，但是他们所收获的是德智体美劳的全面发展。基于学科优势和特点，在小学语文教学中，渗

---

① 王华斌.践行本真教育构建和谐教育生态[J].基础教育参考，2019（4）：31-32.
② 赵晗池.小学语文教育生态环境系统的建构路径探析[J].新课程教学（电子版），2019（3）：51.

透德育教育不仅是对立德树人这一根本任务的积极实践,同时也是构建良好教育生态的重要举措,能够有效提高学生思想品质和道德情操。作为教师,我们要为学生创设多元、自主的发展空间,发挥课堂主阵地的作用,多措并举推进德育教育,践行立德树人这一根本任务,力求让学生在良好的教育生态环境中茁壮成长。

浅谈教育生态学视阈下小学语文高效课堂的构建

王德明　胡志芳　王宏宇

将生态学的相关思想用于小学语文生态课堂的构建，其根本目的是实现教师授课技能与学生语文素养的共同发展。教学生态理念下的各个学科教学都有利于学生成长和教师进步。以语文教学为例，在生态语文课堂上，在自然、健康、和谐的环境中，能实现师生、知识、社会之间的多层次互动，开发学生潜能，发展学生个性，培养他们的创新能力。随着新课程改革的推进以及统编版语文教材的使用，语文教学的实践性、综合性特点得到了前所未有的体现，语文教学不仅仅是为了学生能够掌握基础的语文知识，更是为了传承中国传统文化，发挥学科的育人功能。

一、多元共生的教育生态学理念凸显语文课堂价值取向

与传统语文课堂教学方式不同，教育生态学理念下的语文课堂更加注重生生间、师生间及学生与外部环境之间的关系，提倡发挥学生在学习中的主体作用，倡导启发式、探究式、开放式教学，保护学生的好奇心，激发他们的求知欲。这不仅有利于学生充分激发自身学习潜能、完善自身综合素养，还能帮助教师改善传统课堂教学中教与学的失衡、教学环境与教材内容的失衡、教学目标和学生发展的失衡等问题，打破传统语文课堂向四十分钟要质量、要分数的教育理念，给学生与教师创造了彼此尊重、勇于表达和欣赏肯定的时间和空间，使课堂更加开放与自由，教师在快乐的氛围中做到教学相长。

统编版语文教材在语文要素的设计上一方面要教给学生更多的间接经验和知识概念，另一方面也要贴近学生的现实生活，做到有所兼顾。语文生态课堂注重营造学生快乐成长的大环境，承载传承优秀传统文化，梳理和培养社会主义核心价值观的职责。因此，我们要更注重培养学生的思维能力、创新能力，在教学中渗透情感教育。学习语文不仅仅是为了丰富语文知识，更重要的是传

承中国文化。借助语文知识以及学科特点传达正能量、弘扬社会主义精神、传承中华经典文化，这对学生良好人格的培养具有重要作用。

二、教育生态学视角下构建语文高效课堂的路径

当前小学语文常态化教学仍存在一些比较突出的问题，如有的教师随意设置问题，要求学生小组讨论，看起来热闹，实质上无效或低效，更是缺乏及时有效的指导；课堂氛围虽较活跃，但教学质量不高，学生的综合能力难以得到有效培养。基于这些问题，小学语文教师要积极构建健康和谐的语文生态课堂，通过互动交流构建融洽的师生关系，要根据学生的个体差异和学习特点布置任务，充分激发他们的学习热情，提高其语文综合能力。

1.基于学生个性需求，设计教学项目

教育生态学理念要求构建一个动态的、自然生成的有效课堂。课堂需要师生互动合作完成，教学任务需要基于学生需求进行设计，创设一个适合学生学习的情境。在这个情境中，学生可以融入自己的生活体验，融入自己的情感表达；教师给予学生充分的思考、表达权利，倾听学生对问题的看法，无关乎对错，而在于是否合理有效。

在语文教学中，我们应遵循学生的天赋，设定不一样的目标，采用不同的方法教学和引导，构筑语文学习基于差异的"共同体"，注重学生情感经历的过程，尊重学生的独特感受。比如，在学习《半截蜡烛》一课时，我们可以设计"三直三曲"六组问题让学生选择性完成："三直"问题包括"小说写了一件什么事？""作家写的是什么样的人？"和"为什么要以'半截蜡烛'为题？"，"三曲"问题包括"阅读这篇小说时你的心跳是平静的还是起伏的？哪些地方让你的心提起来？哪些地方让你的心放下去？小说的结尾，你的心是提起来的还是放下去的？""假如你要颁发一枚勋章，你将会颁给谁？"以及"读这篇小说可以说是一场'惊叫之旅'，作家是怎么营造出这样的氛围的？你能仿照这样的方法制造一个紧张的环境吗？"六组问题的设计层次体现了从知识的发现到知识的迁移再到知识的运用，适合不同基础的学生对课文进行理解，通过这样的学习方式，每个孩子必然会有自己的收获。

2.打造开放、共生的课堂教学模式

日本作家佐藤学先生在《静悄悄的革命》一书中，呼吁构建"润泽的教室"。"在'润泽的教室'里，教师和学生都安心地、轻松自如地构筑着人与人之间的关系，在这种关系中，即使耸耸肩膀，拿不出自己的意见来，每个人的存在也能够得到大家自觉的尊重，得到承认。'润泽的教室'里每个人的呼吸和其节律都是那么地柔和。"这样的教室，是开放、共生的教室，是教师自身自始至终地保持一视同仁、郑重其事地听取每个学生发言的态度。学生虽需要鼓励，但教师应该认真地听取每个学生的发言并做出敏感的回应，应能慎重地采用每个学生都能理解的词语讲话，这样学生之间才会开始互相倾听，才能在教室里形成仔细倾听别人的讲话、互相交换意见的关系。以自然的轻声细语来交往的教室环境里，更能培养自立、合作的学生；只有在用心地互相倾听的教室里，才能通过发言让各种思考和情感互相交流。如在讲授《跳水》一课时，就"对于小男孩来说，除了'跳水'以外，还有没有其他更安全的求生方式？"这一问题，学生们会给出许多可能性，那老师该怎样引导呢？有的老师选择自己讲解，让学生认同结论，结果是学生确实同意了，但也只限于"只知其然不知其所以然"。而有的老师则是放手把时间交给了学生，互相质疑、互相解惑，最终学生"知其然更知其所以然"，同时学生们在这种合作探究中培养了自己的语言表达能力和逻辑推理能力。

3.吸收多元融通的教学内容，激发学生学习兴趣

在新课程理念下，教材已由原来唯一的语文课程资源变成教学的重要资源之一。语文教学内容可根据学生的实际进行取舍，开发更多新的语文课程资源。首先，大众传媒的迅速发展，为开发语文课程资源提供了更广阔的空间；其次，教师在教学中可以借助多媒体教学工具的优点，为课堂引入新鲜的教学元素，使学生在新的学习模式中欣赏语文学科中的语言美，从而帮助学生真正理解语言文字的内涵。我们应对教学时空进行大胆调整，实行大课堂的联动。

例如，在讲解《观潮》这篇课文时，为使学生快速投入课文情境中，教师可以在学生正式学习前，给学生播放一段教学视频。在学生观看视频时，教师可以让学生闭上眼睛，认真感受钱塘江恢宏壮阔的场面，并相机设问："这样的场面给你留下了怎样的印象？"让学生全身心地投入学习情境中的同时，思

考潮水带给自己的震撼，在激发学生探索欲望的同时，提高其学习效率。再如《喜爱音乐的白鲸》一文，该文与白鲸有关，教师可用多媒体播放白鲸相关视频，让学生直观了解白鲸的外观和特性。教师还可进行适当的知识延伸，如播放公益广告"江豚"，促使学生明白人与动物之间应形成和谐共生关系，教育学生爱护动物，与自然和谐相处。小学生正处于价值观、人生观形成的初始阶段，一些理念难以用理论化形式渗透，但可以借助多媒体呈现相关视频、图片，以取得更好的教育效果，促使学生形成正确的价值观。

基于教育生态学视角探究重构语文高效课堂十分必要，是符合当前教育教学改革要求的一项重要举措。语文课堂要突出交际性与人文性，体现语文学科本质，这样才能更好地促成课堂教学各元素的和谐协作，真正提升课堂教学质量，培养学生的语文素养。

生态视域下的小学语文情境教学

董 佳

新课程改革以来，情境教学在小学语文教育教学中得到了广泛应用。对于小学生而言，生动、形象、直观的教学情境符合其自身的认知规律，能帮助学生内化知识，完善知识结构体系。但是情境教学的推广和应用也存在一些问题和误区，所以对情境教学进一步展开研究具备现实意义。生态视域下的小学语文情境教学，应侧重于问题的解决、教学的优化及情境教学模式类型特点的研究。

一、信息化情境教学

随着互联网时代的到来，信息化技术不断地融入课堂教学活动，带来的不只是教学手段的变化。教育信息化2.0将以"数据"为基础，以"开放"为策略，以"智能"为目标，创设信息化教学环境下信息技术支持的情境教学，在比较真实的活动中设计教学。由于其将信息化与学科教学紧密结合起来，各种信息技术和学科资源使教学情境的创设显得更为实际、简洁和高效。信息化教学是以构建主义为基础，情境创设是其重要的组成部分。如在《赵州桥》一课中，教师利用网络优秀教学资源为学生还原赵州桥的设计原理和防洪泄洪原理，帮助学生进一步理解大拱、桥洞各自的作用。

二、学生学情分析

我们在信息化支持下对学生进行学情分析，实现了"教育信息化2.0以'数据'为基础，以'开放'为策略，以'智能'为目标，创设信息化教学环境下信息技术支持的情境教学"这一构想。以《海滨小城》一课为例，我设计的学情分析方案如下：从学情分析目的、学情分析内容、学情分析方法和工具三个方面进行分析，注重学情分析方法和工具的分析。设计预习作业单有利于引导学生自主学习和初步把握课文的主要内容,让学生在学习中主动发现问题,实现自我检查,将学生的学习指向对字词的理解和对课文的感悟,有利于培养学生良好的学习习惯。在教学前,我让学生从网上大量收集关于大海和城市的图片、文字和资料,然后打包传送到我和学生事先建立的微信群里,大家交流感受,了解不同的海滨城市带给人不同的心灵感受和情感体验,培养学生初步收集和处理信息的能力、动手操作能力和学习实践能力。最后,利用网络容量大、速度快、可接受性强的特点,发挥网络直观、形象、生动的特点,我引导学生进入课文中的虚拟网站,把海滨小城的美丽景色展现在每一位学生面前。网站提供的内容有:主页、课文内容、扩展知识、个人空间,让学生自行操作,进入其中自由浏览。我再通过问卷星、"人人通"收集整理信息,制作统计图表,进行分析,为课前预设提供有力的数据支持,然后利用信息技术参与到学生的小组学习中,掌握学生现有知识状况,为情境创设做好铺垫,使教学设计有的放矢,有效地创设情境。

三、语文教学情境创设

1.创设问题情境

苏霍姆林斯基曾说:"真正的学校应当是一个思考的王国。"在小学语文课堂的教学中,教师应该创设提问情境,以激起学生思维的浪花,让他们各抒己见。例如,《夜晚的实验》一课要求学生能够概述科学探究的一般过程,即发现问题、猜想问题、开展实验、得出结论、实践应用。而后教师向学生提出问题,将相应的标点符号应用于科学探究的一般过程中,其中"——"表示科学发现的应用,"?"表示问题的猜想,"……"表示开展实验,"!"表示得出结论。符号的练习与思考不仅强化了小学生对科学探究一般过程的记忆,也使小学生懂得了科学探究的艰辛过程。

2.创设直观情境

首先,真实化情境中教师可通过利用实物或还原生活情境开展语文学科教学。例如,在《菜园里》一课中,教师可以将新鲜的蔬菜摆放在学生面前,给予学生一个直观的、真实的情境,课堂环节中教师可以引导学生读一读、摸一摸,提高学生记忆蔬菜名字的速度,进而达成教学目标。其次,虚拟化情境中教师可采用画图展示和视频再现的方式。画图展示环节可以组织学生动手操作，如组织学生画出课文中《坐井观天》的插图，加深学生的记忆；视频再现是教师借助视频资源，将抽象的文字知识转变为生动立体的图像内容。

教师在生态课堂中可以通过搜集视频资料，再现历史事件，彰显时代感，把生硬的语言文字与丰富多彩的生活联系起来，借助多媒体实现语言文字的情景交融。例如，在《荷花》《桂林山水》等课堂教学中，教师可以将荷花、桂林山水相关的影视、图片资料用于课堂情境的创设中，给予学生更为直观的素材并辅以引导，使学生既能感受到荷花的静态美，也能感受到荷花的动态美。

3.创设表演情境

艺术化情境包含语言艺术和角色扮演艺术。语言艺术多指教师采用语言描绘、教学提问等方式逐步引导学生的思维；角色扮演指的是依照教材内容，归还学生的主体地位，在调动学生学习兴趣的基础上给予学生亲身体验、亲身感知的机会，从而在优化课堂教学氛围的基础上帮助学生深化对教材内容的理解。教师还可利用文本本身的戏剧性、幽默性，创设表演情境，激发学生的表演欲望，使其主动迅速地理解文本。这种方式既能吸引学生自觉参与，又能为学生提供成长的机会。教师恰当地选择学生喜闻乐见的表演形式寓知识教学于活动中，有利于激发学生学习语文的兴趣，为学生提供互动的机会。通过表演，师生共同把文字变成可见的情境，既加深了学生对文本的理解，又锻炼了学生的语言表达能力。例如，在《狐狸和乌鸦》的课堂教学中，教师为学生准备头饰，鼓励学生合作开展角色扮演，在表演的环节学生既抓住了狐狸的狡猾、巴结奉承的性格特点，又表现出了乌鸦含着肥肉得意扬扬的性格特点，潜移默化地达成了教学目标，也符合生态课堂对小学语文课堂教学氛围提出的要求。

4.创设合作探究情境

陶行知先生讲：要打通接收信息的渠道，解放学生的大脑，让他们多想一想；解放学生的双手，让他们多做一做；解放学生的嘴巴，让他们多说一说；解放学生的眼睛，让他们多看一看；解放学生的空间，让他们多动一动。情境教学一直以来都被教育者视为能达到最佳教学效果的一种方法，使课堂教学情境创设变得灵活多样。

综上所述，小学语文教学情境具备形象性、生活性、趣味性、情感性、问题性特点。其中形象性是指教师在生态课堂中运用声音、图片、微视频，给予学生一个直观形象的认知体验，帮助学生更好地理解教材内容；生活性主要是指利用生活中的语文教学资源，使生态课堂生活化，将无声的文本转化为真实的生活文本。在生态课堂理念下，教师应创设有利于学生自主学习、合作、探究学习的情境。让我们从每一节课做起，真正把学生看作"发展中的人"，而不是知识容器，让他们能在教师和他们自己设计的情境中，学会学习，学会发展。

后　记

　　《生态学视域下的学校教育生态建构》是北京市通州区小学学校发展第一共同体各校当下思考和实践的问题，也是各校未来要探索和研究的课题。面对后疫情时代的线上线下混合教学，面对城市副中心教育的升级，面对未来教育的各种不确定性……我们需要构建怎样的学校生态才能满足教师专业化成长的需要，满足学生全面发展的需要，满足家长望子成龙的需要呢？我们第一共同体干部教师用实践描绘了一个理想的学校生态图景！

　　这个图景是以学校文化为主题，体现学校文化气息，具有学校特殊韵味的文化流。它是学校在教育坐标系中的精准定位，是学校的实际样态。只有这样，才能够为学生提供适切的教育，尊重生命的成长规律，尊重教育的发展规律，尊重学校的地域特点，体现学校的核心精神。

　　这个图景是以教师幸福栖居、专业发展为目标，为教师不断赋能，让教师不断自我超越的伊甸园。只有这样，才能实现教师与教育的幸福遇见，让教师享受教育带来的幸福。

　　这个图景是以学生全面发展、五育并举为方向，为人生写好脚本，让个性得以张扬，让生命健康成长的巴学园。只有这样，才能让梦想照亮未来，让每一名学生都能向光生长。

　　这个图景是学校、家庭、社会互相配合，携手共育的生态链，彼此支撑、相互促进、协同发力。只有这样，才能优化学校的内外环境，共同为学生的成长保驾护航。

　　这个图景不仅是我们通州区小学学校发展第一共同体各校的追求，也是整个教育系统应有的教育生态。当下，我们已经向着这个方向迈出了脚步，今后，我们会继续沿着这条路径聚力前行，构建和谐美好的学校生态，成就共同体各校最美的教育姿态。